ENZYKLOF
DEUTSCI
GESCHICHTE
BAND 5

ENZYKLOPÄDIE
DEUTSCHER
GESCHICHTE
BAND 5

HERAUSGEGEBEN VON
LOTHAR GALL

IN VERBINDUNG MIT
PETER BLICKLE,
ELISABETH FEHRENBACH,
JOHANNES FRIED,
KLAUS HILDEBRAND,
KARL HEINRICH KAUFHOLD,
HORST MÖLLER,
OTTO GERHARD OEXLE,
KLAUS TENFELDE

# LEBENSWELT UND KULTUR DER UNTER-BÜRGERLICHEN SCHICHTEN IM 19. UND 20. JAHRHUNDERT

VON

WOLFGANG KASCHUBA

R. OLDENBOURG VERLAG
MÜNCHEN 1990

CIP-Titelaufnahme der Deutschen Bibliothek

**Enzyklopädie deutscher Geschichte** / hrsg. von Lothar Gall in
Verbindung mit Peter Blickle ... – München : Oldenbourg.

ISBN 3-486-53691-5
NE: Gall, Lothar [Hrsg.]

Band 5. Kaschuba, Wolfgang: Lebenswelt und Kultur der
unterbürgerlichen Schichten im 19. und 20. Jahrhundert. –
1990

**Kaschuba, Wolfgang:**
Lebenswelt und Kultur der unterbürgerlichen Schichten im 19.
und 20. Jahrhundert / von Wolfgang Kaschuba. –
München : Oldenbourg, 1990
(Enzyklopädie deutscher Geschichte; Bd. 5)
ISBN 3-486-55441-7 brosch.
ISBN 3-486-55451-4 Gewebe

© 1990 R. Oldenbourg Verlag, München

Umschlaggestaltung: Dieter Vollendorf, München

Gesamtherstellung: R. Oldenbourg Graphische Betriebe GmbH, München

ISBN 3-486-55451-4 geb.
ISBN 3-486-55441-7 brosch.

# Vorwort

Die „Enzyklopädie deutscher Geschichte" soll für die Benutzer
– Fachhistoriker, Studenten, Geschichtslehrer, Vertreter benachbar-
ter Disziplinen und interessierte Laien – ein Arbeitsinstrument sein,
mit dessen Hilfe sie sich rasch und zuverlässig über den gegenwärtigen Stand unserer Kenntnisse und der Forschung in den verschiedenen Bereichen der deutschen Geschichte informieren können.

Geschichte wird dabei in einem umfassenden Sinne verstanden: Der Geschichte der Gesellschaft, der Wirtschaft, des Staates in
seinen inneren und äußeren Verhältnissen wird ein ebenso großes
Gewicht beigemessen wie der Geschichte der Religion und der Kirche, der Kultur, der Lebenswelten und der Mentalitäten.

Dieses umfassende Verständnis von Geschichte muß immer
wieder Prozesse und Tendenzen einbeziehen, die säkularer Natur
sind, nationale und einzelstaatliche Grenzen übergreifen. Ihm entspricht eine eher pragmatische Bestimmung des Begriffs „deutsche
Geschichte". Sie orientiert sich sehr bewußt an der jeweiligen zeitgenössischen Auffassung und Definition des Begriffs und sucht ihn
von daher zugleich von programmatischen Rückprojektionen zu
entlasten, die seine Verwendung in den letzten anderthalb Jahrhunderten immer wieder begleiteten. Was damit an Unschärfen und
Problemen, vor allem hinsichtlich des diachronen Vergleichs, verbunden ist, steht in keinem Verhältnis zu den Schwierigkeiten, die
sich bei dem Versuch einer zeitübergreifenden Festlegung ergäben,
die stets nur mehr oder weniger willkürlicher Art sein könnte. Das
heißt freilich nicht, daß der Begriff „deutsche Geschichte" unreflek-
tiert gebraucht werden kann. Eine der Aufgaben der einzelnen
Bände ist es vielmehr, den Bereich der Darstellung auch geogra-
phisch jeweils genau zu bestimmen.

Das Gesamtwerk wird am Ende rund hundert Bände umfassen.
Sie folgen alle einem gleichen Gliederungsschema und sind mit
Blick auf die Konzeption der Reihe und die Bedürfnisse des Benut-
zers in ihrem Umfang jeweils streng begrenzt. Das zwingt vor allem
im darstellenden Teil, der den heutigen Stand unserer Kenntnisse
auf knappstem Raum zusammenfaßt – ihm schließen sich die Darle-
gung und Erörterung der Forschungssituation und eine entspre-

chend gegliederte Auswahlbibliographie an –, zu starker Konzentra-
tion und zur Beschränkung auf die zentralen Vorgänge und Entwicklungen. Besonderes Gewicht ist daneben, unter Betonung des
systematischen Zusammenhangs, auf die Abstimmung der einzelnen
Bände untereinander, in sachlicher Hinsicht, aber auch im Hinblick
auf die übergreifenden Fragestellungen, gelegt worden. Aus dem
Gesamtwerk lassen sich so auch immer einzelne, den jeweiligen Benutzer besonders interessierende Serien zusammenstellen. Ungeach-
tet dessen aber bildet jeder Band eine in sich abgeschlossene Einheit
– unter der persönlichen Verantwortung des Autors und in völliger
Eigenständigkeit gegenüber den benachbarten und verwandten
Bänden, auch was den Zeitpunkt des Erscheinens angeht.

                                                    Lothar Gall

# Inhalt

# Vorwort des Verfassers

Daß Buchtitel möglichst prägnant und zudem kurz sein sollen, das gehört zum kleinen Verlags-Einmaleins. Sind sie es nicht, liegt es an starrsinnigen Autoren – oder es hat gute Gründe: Das Thema ist zu komplex und zu sperrig, um es in zwei, drei Worten umreißen zu können. Für den hier gewählten weniger windschnittigen, dafür systematischen Titel gilt letzteres: Kürzer – so schien uns nach langer Diskussion – wäre zu kurz gewesen.

Mit dieser Titelfrage sind zugleich Kernprobleme der inhaltlichen Perspektive angeschnitten. Vor zehn, fünfzehn Jahren hätte man wohl an solch einen Band noch gar nicht denken mögen. „Lebenswelt und Kultur der unterbürgerlichen Schichten", das wäre eine schmale Bilanz von Traditionsrelikten und Symbolelementen geworden: Hier Erzählung, Tracht und Brauch der bäuerlichen Volkskultur, dort Lieder, Fahnen und Vereine der Arbeiterkultur – nur wenig mehr, und schließlich die Frage, was das eine mit dem andern zu tun habe. Doch hat sich seitdem unser Verständnis einer Kultur „der Vielen" grundlegend gewandelt. Heute fragt ein „weiter" Kulturbegriff nach dem „ganzen Leben", nach historisch geprägten und sozial unterschiedlich geformten Lebensweisen. Ausgehend von den materiellen Bedingungen und Gestaltungsweisen des Alltagslebens, umspannt er dessen lebensweltliche Beziehungsformen und Werthorizonte und reicht hinein bis in die „Innenwelt" sozialer Erfahrung und subjektiver Sinngebung.

Damit führt der Blick über eine weite und in sich vielfach gegliederte Geschichtslandschaft, über ein sich ständig veränderndes Tableau der Klassen, Schichten und Kulturen, dessen Vielfalt eigentlich ein Sich-Einlassen, ein illustrierendes und an Beispielen vertiefendes Argumentieren verlangte, wo die enzyklopädische Disziplin umgekehrt Kürze und Verallgemeinerung fordert. Das fällt um so schwerer, als immerhin von zwei Jahrhunderten deutscher Geschichte, von feudaler wie von bürgerlicher Epoche und vor allem von den Lebenswelten und Kulturen einer gesellschaftlichen Mehrheit die Rede sein soll: von Arbeiter- und Kleinbauernfamilien, von Handwerksgesellen, Dienstboten und Gesinde. Viel bleibt

da an zu vernachlässigenden gesellschaftlichen „Restgrößen" nicht
mehr übrig.

Kann solch ein Versuch der großen Synthese überhaupt aufge-
hen, werden nicht die Linien zu gerade, die Interpretationen zu
grob? Lassen sich in der Lebensführung und Erfahrung, in den
Deutungen und Weltbildern des „einfachen Volkes", der „Massen"
genügend gemeinsame Nenner finden, die eine verbindende Perspektive und Darstellung rechtfertigen? Überwiegt die innere Nähe
zwischen Gruppenkulturen, in denen es stets zunächst um das materielle, soziale und psychische Überleben ging, in denen die Not
meist den Genuß, die Unsicherheit die Gewißheit, die Arbeit die
Muße überwog? Oder „verbindet" letztlich nur die äußere Distanz
zur Kultur der adeligen und bürgerlichen Eliten? Wäre dies, die Unterprivilegierung, die Nicht-Teilhabe an vielen neuen Entwicklungen und damit umgekehrt auch eine historisch begründete Skepsis
gegenüber „Fortschritt" und „Modernisierung" vielleicht sogar das
prägendste gemeinsame Merkmal nicht-bürgerlicher Existenz im 19.
und 20. Jahrhundert? Bestünde darin auch eine gewisse Kontinuität
zwischen historischen und gegenwärtigen „Massenkulturen"?

Hier sind jene Fragen noch rhetorisch gestellt, auf die in den
nachfolgenden Seiten Antworten – oder neue Fragen gesucht wer-
den. Vorweg mögen sie auf die zwangsläufige Begrenztheit der
Überlegungen und Skizzen verweisen. Weder in der Darstellung der
Geschichtsprozesse noch im Überblick über Forschungsfelder und
Forschungsstände kann es um Vollständigkeit und flächige Gesamt-
schau gehen. Dazu ist der Horizont in doppeltem Sinne zu breit: im
Blick auf die historischen Wirklichkeiten, deren Komplexität wir
vielfach erst in den letzten Jahren neu „entdeckt" haben, wie im
Blick auf das Spektrum der Methoden und Disziplinen, die sich in-
zwischen mit „dem Kulturellen" beschäftigen. Es ist ein interdiszi-
plinäres Feld, eigentlich bereits ein eigener Raum zwischen den
Fachgrenzen geworden, in dem sich sozialgeschichtliche und volkskundliche, alltagsgeschichtliche und historisch-anthropologische
Perspektiven mit anderen treffen, sich zu neuen Diskursen und Syn-
thesen verbinden.

Insofern ist es ein Versuch, weniger den historischen „Normal-
gang" und das gesicherte Kanonwissen zu rekapitulieren, als vielmehr nach Zugängen zu neuen Themenfeldern und Perspektiven zu
fragen, nach Ungleichzeitigkeiten, Verwerfungen und Widersprü-
chen in jenem „Gang der Geschichte". Gerade im Erfahrungsraum
„unterschichtiger" Existenz scheinen solche Spannungszustände

prägend: einerseits Neues, Innovatives in der Arbeits- und Lebenswelt, andererseits Traditionen und Bestände, die unter den Bedingungen des sozialkulturellen Wandels dennoch weiter existieren –
vielleicht ein besonderes Eigengewicht und eine besonders kompli-
zierte Eigengesetzlichkeit dieser Kulturen. So kann jedenfalls ein
Ergebnis dieses Bandes nur sein: am Ende mehr Fragen als Antworten.

Mein besonderer Dank gilt Klaus Tenfelde, Lothar Gall und
Adolf Dieckmann für Ratschläge wie Einwände, Andrea Holthusen
und Monika Roth für Hilfe und Geduld beim Erstellen von Bibliographie und Manuskript. Andere halfen mit Hinweisen, mit Gesprä-
chen – und mit Nachsicht.

Tübingen, Juni 1989                              W. K.

# I. Enzyklopädischer Überblick

## 1. Lebenswelten im Umbruch: „Volkskultur" zwischen Ständen und Klassen

Die Zeit um 1800 – sie erscheint uns heute als eine „Schwellenzeit" zwischen zwei großen historischen Epochen, als eine Zeit des Umbruchs, in der das gesellschaftliche Leben noch vor dem Horizont der alten feudalen Welt der Stände spielt und zugleich schon im Gegenlicht neuer, bürgerlicher Gesellschaftsvisionen. Dieser Eindruck entsteht nicht nur retrospektiv, auch die Menschen damals hatten offenbar das Gefühl, daß ihre Lebensläufe einen epochalen Wendepunkt der Geschichte kreuzten. Friedrich Perthes, der große Verleger und Zeitgenosse Napoleons, schreibt nachdenklich: „Nur dann wird man die unermeßliche Bedeutung dieser Jahre ahnen können, wenn man erkennt, daß unser ganzer Weltteil sich in einer Übergangszeit befindet, in welcher die Gegensätze eines vergehenden und eines kommenden halben Jahrtausends zusammenstoßen."

Eine *Übergangszeit* ist es in der Tat: einerseits das Ende einer Epoche, die von der naturgegebenen Verschiedenartigkeit der Menschen ausgegangen war und diese Unterschiede in der Ständehierarchie als einem System sozialer Ungleichheit angemessen ausgedrückt sah; andererseits der Beginn eines neuen Zeitalters, das die Fähigkeit zur Gleichheit forderte, das jedenfalls verkündete, den Menschen künftig nicht mehr nach Geburt und Herkunft, sondern allein nach seiner gesellschaftlichen Tätigkeit beurteilen zu wollen. Der Mensch nicht mehr als Objekt, sondern als *Subjekt,* als Gestalter seiner Geschichte: Das ist die zentrale Botschaft der europäischen Aufklärung und der französischen Revolution von 1789.

Übergangszeit meint also die „große Geschichte", die europäische Politik nach der französischen Revolution, das Zeitalter Napoleons mit der politisch-territorialen Neugliederung Deutschlands, mit den spätabsolutistischen Versuchen einer umfassenden „Modernisierung" des Staates und der Gesellschaft von oben durch Konstitution und Bürokratie. Sie meint indessen auch die spürbaren und

*Epochenübergang und Umbruchzeit*

sichtbaren Veränderungen im „kleinen Alltag" der Bürger und Un-
tertanen, dessen Erfahrungshorizonte in dieser „Sattelzeit" der Moderne (KOSELLECK) nun gleichfalls beginnen aufzubrechen.

## 1.1. Feudale Erbschaften

Denn bis dahin gilt ein System *lebensweltlicher* Erfahrung, geprägt vom Denken und Handeln in überschaubaren Einheiten und
Grenzen. Eingeengt durch lokale und kleinstaatliche Erfahrungshorizonte, eingezwängt in das hierarchische Korsett der ständischen
Gesellschaft, sind alle wesentlichen Formen der materiellen und der
kulturellen Lebensführung durch Geburt, Besitz und Beruf vorge-
zeichnet. Nicht dynamisches wirtschaftliches Handeln und nicht der
einzelne in seiner kurzen Lebensspanne stehen im Vordergrund des
Denkens, sondern die Erhaltung des wirtschaftlichen und sozialen
Status quo, das Überleben der Familien, der Gruppen und ihrer materiellen wie ideellen Existenz über die Generationen hinweg. Alltagshandeln wird so geordnet und überformt durch ein System ethi-
scher und kultureller Leitwerte, die vorrangig auf Erfahrung, auf
Sicherheit, auf Tradition bauen und umgekehrt das Risiko, das Ex-
periment, den Wandel meiden.

*(Randnotiz: Lebenswelt im Feudalismus)*

Andererseits entspringt dieser Grundsatz der Stetigkeit, der
„longue durée", jedoch nicht nur den eigenen, in vieler Hinsicht
notwendig „konservativen" Erfahrungsgesetzen bäuerlicher und
kleingewerblicher Existenz. Mindest ebenso ist er unmittelbare oder
mittelbare Folge feudaler *Herrschaftsorganisation*, die in Gestalt der
Grundherrschaft wie des Staates rigide in die Besitz- und Arbeitsverhältnisse eingreift und von der familiären Erbfolge bis zur flürli-
chen Anbaufolge in vieler Hinsicht die Lebensführung diktiert. Davon besonders betroffen sind die lebensweltlichen Verhaltenssysteme derjenigen Schichten, die ständig oder vorübergehend auf
kommunale und grundherrschaftliche Fürsorgeleistungen angewiesen sind, also die Kleinbauern- und Heimarbeiterfamilien, die
Knechte und Mägde auf dem Lande sowie die Handarbeiter, die
Dienstboten, die Handwerksgesellen und die Taglöhner in der
Stadt. Es ist im zeitgenössischen Verständnis das „einfache Volk",
dem damals sicherlich mehr als 50 Prozent der deutschen Bevölkerung zuzurechnen sind und über dessen Existenz als Leitformel
schlicht das Prinzip der „Nahrung" steht. Familiäres Überleben zu
gewährleisten durch Sicherung der gemeinsamen Nahrungsgrund-
lage, durch Selbstbegrenzung der Ansprüche, durch Aufrechterhal-

*(Randnotiz: Nahrung und Auskommen)*

tung der gemeinsamen Arbeitstätigkeit wie der gewohnten Formen von Erholung und Geselligkeit: Das sind die vorrangigen Ziele einer Lebensführung, die auf „Auskommen" und auf die Bewahrung eines festgeschriebenen sozialen Status hin orientiert ist, nicht auf ökonomischen Zugewinn und sozialen Aufstieg.

In ihren Grundzügen ist das immer noch eine bäuerlich-familiäre *Produktions-* und *Reproduktionsgemeinschaft*, in der die Eltern- und Kindergenerationen gemeinsam den Hof- und Grundbesitz als die wichtigste familiäre Existenzgrundlage erhalten und in der alle Einkünfte der gemeinsamen Existenzsicherung dienen. Dieses Lebens- und Arbeitssystem der „Produktionsfamilie" geht zurück auf die „peasant society", auf die vorindustrielle bäuerliche Lebenswelt der neuzeitlichen *Dorfgemeinden*. Abhängig von den natürlichen Voraussetzungen des Bodens und des Wetters, von der Kooperation mit den Flurnachbarn und vom Funktionieren der dörflichen Versorgungsgemeinschaft in Krisen- und Katastrophenfällen, abhängig aber vor allem auch vom adeligen Grund- oder Gutsherrn, von seiner Rechtshoheit wie von seinem Zugriff auf den bäuerlichen Ertrag über das feudale Abgabensystem, mußten Gemeinde und Familienverband vorrangig solche Verhaltensregeln und Ordnungsvorstellungen entwickeln, die in hohem Maße Stabilität und Sicherheit versprachen und das Alltagsleben dementsprechend „total" regulierten [132: WUNDER, Gemeinde].

Mit Einschränkungen gilt diese Organisationsform der Produktionsfamilie auch für das vorindustrielle Kleingewerbe, also für die kleinen Handwerker, für die Hand- und Heimarbeiter, auch für die an die Meisterfamilie angeschlossenen Handwerksgesellen. An Stelle der „peasant society" ist es in den Städten die *Welt der Zunft* und der Berufsgruppen, die mit ihren Ordnungen von Produktion und Reproduktion, mit ihren festen Regeln der Arbeitsteilung und der materiellen Lebensführung das soziale Verhalten von der Werkstatt bis auf den Markt lenkt.

Mit dem Prinzip der Selbstbeschränkung der Bedürfnisse ist eine „innere Logik" ständischer Gesellschaft beschrieben. Denn deren Funktionsfähigkeit hängt entscheidend davon ab, daß die Erwartungshorizonte der großen Bevölkerungsmehrheit begrenzt gehalten werden können, daß die verfügbaren materiellen und kulturellen Lebens-Mittel ungleich verteilt bleiben, ohne daß diese Ungleichheit hinterfragt wird. „Ständische Existenz" meint insofern eine systematische Form der Privilegierung bzw. der Unterprivilegierung, gegründet auf Ökonomie, Rechtssatzung, Gewalt und für

„Ständische Existenz": Sozialmoralische Normen und Leitwerte

„gerecht" erklärt durch Religion, Tradition, moralischen Zwang. So
gilt bis weit ins 19.Jahrhundert hinein ein System von Produktion
und Reproduktion, das eingebunden ist in den Handlungshorizont
und das Wertegefüge einer eigenen „moralischen Ökonomie" [106:
THOMPSON, Plebeische Kultur, 66 ff.]. Wirtschaftliche Tätigkeit wird
immer zugleich als soziales Verhalten und als „moralisches" Handeln verstanden, weil die Marktbeziehungen als soziale und perso-
nale Beziehungen zwischen Menschen und Gruppen erscheinen, die
in jeweils wechselnden Rollen als Produzenten und Konsumenten
auftreten und daher den Grundsatz „fairer" Tauschverhältnisse und
„gerechter" Preise beachten müssen.

## 1.2. Gesellschaftszonen und Geschichtshorizonte

Vom Produktionsmittelbesitz bis zur Wahl des Wohnorts, von
der Konfession bis zur (Standes-)Kleidung, vom Heiraten bis zur
Geselligkeit tragen die Lebensregeln und -formen so die Signatur
einer „feudalen Welt", die nur begrenzte Handlungsmöglichkeiten
und Lebensentwürfe eröffnet. „Lebenswelt" differenziert sich je
nach Standeszugehörigkeit und Gruppenkultur und formt sich in
einer Mischung aus herrschaftlichen und aus selbstgesetzten Normen. Wobei „Stand", um eine Formulierung MAX WEBERS zu ge-
brauchen, sich als ein System „spezifischer Arten von ‚Lebensführung'"darstellt, basierend auf einem verbindlichen Kanon ethisch-
moralischer Vorstellungen von „sozialer Ehre" und „sozialer
Pflicht". Hinter diesem Vorhang der Standes- und Gruppenkulturen
indessen zeigt sich das soziale Profil deutlich strukturiert durch die
Unterschiede der wirtschaftlichen Klassenlage wie die Formen sozialer Klassenstellung [53: KOCKA, Klassenbildung, 38 ff.].

Natürlich bestehen dabei erhebliche *regionale* und *territoriale*
Unterschiede in den deutschen Staaten. Unterschiedlich gewachsene Herrschaftsformen und Konfessionen, Wirtschafts- und Besitz-
strukturen schaffen eigene gesellschaftliche „Klimazonen", in denen sich zudem noch deutliche Kontraste abzeichnen zwischen
Land und Stadt. Am weitesten herausgetreten aus dem Schatten der
feudalen Welt sind die *Reichsstädte*, die sich bis Anfang des
19.Jahrhunderts weithin unter bürgerlichem Selbstregiment entwik-
kelten, meist mit einem Patriziat aus dem Kaufmannsstand oder mit
einer städtischen „Ehrbarkeit" aus wohlhabenden Handwerkern
und Beamten an der Spitze. In den ländlichen Gebieten fehlt dieses
bürgerliche Element noch weitgehend, dafür finden sich hier deutliche Unterschiede etwa zwischen großbäuerlichen Strukturen mit

Stadt und Land:
Unterschiedliche
Gesellschaftszonen

umfangreichem Häusler- und Gesindewesen einerseits und kleinbäuerlichen Regionen andererseits.

In mancher Hinsicht also zeigen sich hier wesentliche Kontraste. Andererseits liefern die Begriffe Stadt und Land wiederum wenig trennscharfe Bilder. Schließlich zählt die große Mehrzahl der
Städte um 1800 gerade 500 bis 5000 Einwohner, unter ihnen zahlrei-
che „Ackerbürger", die Kleingewerbe und Landwirtschaft miteinander verbinden. Kleinvieh und Misthaufen prägen das Straßenbild
in Gotha noch ebenso wie in Stuttgart oder Münster, über 90 Prozent der Einwohner des späteren Deutschen Reiches leben in Dörfern und Kleinstädten [30: HENNING, Industrialisierung].

Eine eigene Gesellschaftszone, eine Art Übergangsmilieu zwischen bäuerlicher und gewerblicher Existenzform – in mancher
Hinsicht auch zwischen ländlichem und städtischem Leben – bilden
die *haus-* und *heimindustriellen* Regionen, die im späten 18.Jahr-
hundert den Höhepunkt ihrer Ausdehnung erreichen. Dabei handelt
es sich in erster Linie um das Textilgewerbe, das als Weberei und
Strickerei in Heimarbeit betrieben wird, teils noch in der alten Form
kleinbäuerlichen Nebenerwerbs, überwiegend jedoch im Verlagssystem und in regelrechten „Weberkolonien" organisiert und für
den überregionalen Markt produzierend [54: KRIEDTE/MEDICK/
SCHLUMBOHM, Industrialisierung]. Dort ist längst ein festes Modell
„protoindustrieller" Existenz entstanden, bei dem die gesamte familiäre Arbeitskraft in der gewerblichen Produktion konzentriert und
von deren Geldeinkünften abhängig ist, während die bäuerliche
Nutzung eigenen Grundbesitzes nurmehr eine ergänzende Rolle
spielt.

Insgesamt gesehen, erscheinen die gesellschaftlichen Lebensbedingungen der vorindustriellen Unterschichten als durchaus heterogen. Dennoch zeichnen sich strukturelle Gemeinsamkeiten unter-
bürgerlicher und unterbäuerlicher Existenz ab, wie die verbindende
Erfahrung materieller Not und sozialer Bevormundung, das Ausge-
schlossensein von Bildung und Hochkultur, die unmittelbare Erfahrung von Herrschaft. Und vor allem auf der Ebene der Lebensführung, im Blick auf Arbeitsformen und Einkommenssicherung, auf
Wohnen und Kleidung, sind die Unterschiede zwischen den Gruppen nur gradueller Art.

## 1.3. Alltagskulturen

Auch Familienleben und *Wohnen* vollziehen sich in ähnlichen
Formen und in ähnlicher Enge. Geschlafen wird meist dort, wo

Strukturen mate-
rieller Lebensfüh-
rung

tagsüber gearbeitet und gekocht und wo nicht selten auch noch Kleinvieh aufgezogen wird. In der Regel dient die Stube zugleich als Küche; der Herd wird zum Kochen wie zum Heizen und überdies oft noch als Schlafplatz benutzt, da sich die räumliche Ausgliederung des Kochens großenteils erst im 19. Jahrhundert vollzieht. Angesichts solch räumlicher Enge wird verständlich, weshalb hier im Unterschied zum bürgerlichen Milieu keine Vorstellungen und Formen von *Privatheit*, von sozialer und räumlicher Intimsphäre entstehen können. Arbeit und Kommunikation, Kindererziehung und Sexualität müssen in einem räumlichen und situativen Nebeneinander stattfinden [156: SIEDER, Familie, 99 ff.].

Was die Speisepläne und die *Eßkultur* anbelangt, folgen diese noch weithin dem Prinzip der regionalen Kost. Zumindest im ländlichen und kleinstädtischen Raum dominiert noch die Selbstversorgung mit Kartoffeln und Gemüse, vielfach mit eigenem Brotgetreide, mit konservierten Nahrungsmitteln, teilweise auch mit Fleisch. Hinzu kommen allerdings bereits *Genußmittel* wie Kaffee, Zucker, Schokolade und Tabak. Hunger und „kleiner Luxus" schließen sich keineswegs aus, sondern werden im Rahmen veränderter Konsumstile und Bedürfnisstrategien ausbalanciert. Ähnliches gilt auch für die *Kleidung*: Ärmlichkeit und Schmuckbedürfnis, Altes und Neues, Tracht und Mode vermischen sich. Die Tracht ist als „lokaler Kleidungsstil" mit alltagspraktischen wie repräsentativen Funktionen auch auf dem Land längst um neue Stoffe und Schnitte ergänzt, in den Städten herrscht ohnedies ein schon konfektionshaft anmutender Kleidungsstil vor [218: SANDGRUBER, Konsumgesellschaft, 304 ff.]

Vorindustrielle Freizeitkultur    Sehr ausgeprägt und ausgedehnt muß man sich die damaligen *Geselligkeitsformen* vorstellen, eingebunden in ein dichtes Netz von alltäglichen und festlichen Anlässen. Um einen Kern kirchlicher wie jahreszeitlicher Feste erstreckt sich ein breiter Kranz kleiner, alltäglicher Formen der Kommunikation und der geselligen Entspannung. Ob Weihnachten oder Kirchweih, ob Taufe oder einfach abendliche Runde – das Geselligkeitsbedürfnis nimmt in dieser Zeit ganz offensichtlich zu und zeigt einen deutlichen Trend zur Verlagerung aus dem familiären Kreis in den öffentlichen Raum der Gassen und der Wirtshäuser. Dennoch behält diese „Freizeitkultur" wesentliche traditionelle Formen bei – feste Zeiten und Räume, bestimmte Vergnügungsformen und Konsumstile. Bei Arbeitsbräuchen wie bei der Wirtshausgeselligkeit, bei Festen wie beim abendlichen Gespräch zeigt sich eine Kontinuität, eine ausgeprägte Formenfestigkeit, die in Gestalt von „Bräuchen" und „Ritualen" die herkömmliche Funktion solcher Geselligkeit als Medium der „Selbstdarstellung" in der Öffentlichkeit nochmals unterstreicht und eine kollektive Identität, einen „Wir-Gestus" betont. In ihrer sozialen Funktion und in ihrer kulturellen Figuration sind dies verwandte Formen der Gruppengeselligkeit, die beides ermöglichen: Abgrenzung und Öffnung.

Besonders deutlich wird dies in der historischen *Jugendkultur*, in der jener Zyklus der *Rites de passage*, der Lebenslauffeste, wie die Spinn- oder Lichtstuben nicht nur der Freizeitgestaltung und dem jugendlichen „Austoben" dienen, sondern auch der Regulation von persönlichen Beziehungen, von emotionalen Bindungen und von sexuellem Verhalten. Hinter dem scheinbaren Übermut solcher Jugendriten, wie er in Charivaris, in Jahreslaufbräuchen oder in Tanzveranstaltungen zum Ausbruch kommt, lenken interne Normen die Beziehung zwischen den Geschlechtern, die stets dem übergeordneten Ziel der Heirat unterworfen bleibt. Es ist ein rituelles System der jugendlichen Selbstkontrolle von Sexualität und von lokalem Heiratsmarkt [37: MITTERAUER, Jugend, 164 ff.], ein Einüben in sozialmoralische Leitwerte und biographische Rollen.

Nun besitzt dieser Bereich der Feste und Bräuche eine zusätzliche Funktion darin, daß er zwischen *alltagskulturellen* und *religiösen* Verhaltenssystemen eine entscheidende Nahtstelle bildet. Viele der Festtermine und -anlässe entstammen dem Kirchenkalender, ohne daß damit ihr Sinn und ihre Form ausschließlich aufs Sakrale fixiert und profane Festfreuden ausgeschlossen wären. Ohnehin mischen sich in den meisten tradierten Frömmigkeitsformen Motive ausgelassenen Feierns fast reibungslos mit liturgischen Elementen. Auch die Formen der Volksreligiosität und die Normen der Kirchenreligion stehen nicht notwendig im Widerspruch, da sich Sinnstiftung von oben und Sinngebung von unten vielfach gar nicht trennen lassen. Zwischen Fest und Frömmigkeit erstreckt sich vielmehr ein Regel- und Wertesystem, welches sich auf die Welt-Anschauung insgesamt bezieht, fast mehr auf das „Diesseits" denn aufs „Jenseitige" hin orientiert [45: SCHIEDER (Hrsg.), Volksreligiosität].

So zeigt sich um 1800 noch ein relativ festgefügtes System von sozialen Milieus und „Gruppenwelten", deren kulturelle Verwandtschaft auch aus ihrer räumlichen und sozialen Nähe resultiert: Wohn- und Arbeitsort, Quartier und Metier sind räumlich gesehen noch weithin identisch, die Lebensentwürfe wie die Heiratskreise

orientieren sich am Gruppenhorizont. „Kultur" als ein individuelles
und kollektives Ausformen gesellschaftlicher Lebenstätigkeit bewegt sich in engen schicht-, geschlechts- und altersspezifisch vorgegebenen Bahnen. Das wäre auch die Vorstellung einer die Unterschiede in der Lebensweise nicht verdeckenden, sie jedoch immer
wieder überbrückenden vorindustriellen *Volkskultur*, die im Kern
immer noch auf bestimmte Deutungssysteme und Sinngebungen
bäuerlicher Herkunft zurückverweist [77: BURKE, Helden].

## 2. „Freier Bauer" und „freier Arbeiter": Vormärz-liche Alltagskultur zwischen Markt und Politik

In dieses eher statische Bild kommen nun, nach 1800, zunehmend Unruhe und Bewegung. Zum einen in Folge der territorialen
und politischen Veränderungen seit der französischen Revolution
von 1789, insbesondere mit den ersten Verfassungen ab 1818 in Bayern, Baden und Württemberg. Zum andern wirken Anstöße aus dem
wirtschaftlichen und sozialen Bereich: die wachsende Marktver-
flechtung durch den interregionalen Handel und besonders die
kombinierte Wirkung von wirtschaftlicher Strukturkrise und gleich-
zeitigem Bevölkerungswachstum im Ausmaß einer regelrechten *demographischen Revolution*. Nachdem die Bevölkerung des späteren

Die demographi-
sche Revolution
und der Beginn von
Agrarrevolution
und Frühindustria-
lisierung

Deutschen Reiches bereits von 1740 bis 1800 um fast 50 Prozent angewachsen war, weisen die Wachstumsraten nun noch steiler nach
oben und erreichen um 1820 ihren Höhepunkt, da die Sterbeziffer
konstant sinkt, während die Geburtenrate weiter ansteigt.

Hinzu kommen das formelle Ende der Leibeigenschaft und die
Lockerung der landwirtschaftlichen Anbauordnungen wie des Gewerberechts besonders in Preußen und Österreich. Damit sind entscheidende Voraussetzungen geschaffen für die allmähliche Lösung
der Menschen und der Produktionsmittel aus feudalen Bindungen,
für den Beginn der Modernisierung der Landwirtschaft im Stile
einer *Agrarrevolution* und schließlich auch für die sich ankündi-
gende *Frühindustrialisierung*. Große Produzenten- und Konsumen-
tengruppen formieren sich nun neu um den Markt und um die gewerblichen Zentren, die neue Ökonomie baut die Gesellschaft regelrecht um. Freie Reichsstädte mit ehemals bedeutender Handelsfunk-
tion *sinken* endgültig zu Landstädtchen *herab*, Dörfer verwandeln
sich in Industriestandorte, ruhige Residenzen in betriebsame Fa-
brikstädte. Und dieses Zusammenspiel von wachsender Mobilität,

zunehmender Lohnarbeit und expandierendem Markt wirkt auch
als Motor alltagskulturellen Wandels, bezieht die ständischen Gruppenwelten zunehmend ein in den umfassenden Prozeß der Verge-
sellschaftung von Kultur.

### 2.1. Modernisierung „von oben"?

In vieler Hinsicht bedeutet dies auch eine „Befreiung der
Köpfe". Denn es ist die kulturelle Neukonstitution einer Gesellschaft, in der die Schlagworte von der Säkularisierung, der Dekorporierung, der Mobilisierung nichts anderes bedeuten als die systematische Auflösung ständisch-feudaler Bindungen und Verkehrsformen. Jene bislang fast absolute Übereinstimmung von sozialer
Gruppenzugehörigkeit und Beruf, von Konfession und Bildung,
von Kleidungs- und Konsumstil – sie verliert an Gültigkeit und
wird ersetzt durch neue, „künstliche", dabei offenere Regelsysteme
wie Bürgervereine, Marktbezüge, Zeitordnungen, allgemeine
Rechtsnormen. In diesem komplexen Sinn beginnt hier die „Moderne".

Charakteristisch für diese Entwicklung ist allerdings, daß sie in
den deutschen Ländern fast gleichzeitig als *staatlich-obrigkeitliches*
*Programm* in Gang gesetzt wird, als eine gesellschaftliche „Modernisierung von oben". In einer Mischung aus Aufklärung und Zwang
wird versucht, neue Erwerbs- und Leistungsmotive in der Arbeitssphäre durchzusetzen, traditionelle Geselligkeitsformen und Feiertage zu begrenzen und zu vereinheitlichen, feste Ordnungs- und Hy-
gienevorstellungen im öffentlichen wie im Wohnbereich einzufüh-
ren. Arbeitsordnungen, Polizeistunden, Kehrwoche, Medizinalord-
nungen, allgemeine Wehrpflicht – diese und viele andere Modelle
einer „Volkserziehung" datieren aus dieser Zeit. Schließlich werden
mit der Trennung von „öffentlichem" und „privatem" Bürgerleben
auch die Familienformen und die Geschlechterrollen neu definiert
im Sinne des privaten „Familienglücks" und der „Verhäuslichung"
der Frau in der Rolle als Gattin und Mutter. Wenngleich dies zunächst mehr ein ideologisches Programm bleibt, umgesetzt vorerst
nur im bürgerlichen Milieu, prägt es seitdem dennoch die allgemeine Auffassung der „Geschlechtscharaktere", der angeblich „natürlichen" Unterschiede der Anlagen und Aufgaben von Mann und
Frau [141: HAUSEN, Geschlechtscharaktere].

Dies ist die eine Seite: die Modernisierung von oben. Insgesamt
gesehen bewältigt die deutsche Gesellschaft auf diese Weise durch-

Staatliche Moderni-
sierung als Pro-
gramm sozialer
Disziplinierung

aus wesentliche Probleme des Übergangs aus dem feudalen in das bürgerliche Zeitalter: durch die Entwicklung der Produktivkräfte in Gewerbe und Landwirtschaft in industriekapitalistischer Richtung, durch die strukturelle Verbesserung der materiellen Versorgung mittels Verkehr und Markt, durch die geographische wie ökonomischsoziale Mobilisierung großer gesellschaftlicher Gruppen im Rahmen von Binnenwanderung und Urbanisierung, durch die kulturelle Öffnung gesellschaftlicher Lebensformen in Gestalt von Kommunikationsmedien, Öffentlichkeitsformen, Vereinen, Bildungs- und Ausbildungssystemen, Konsum- und Freizeitstilen.

Allerdings – und dies scheint oft vergessen – gelingt dieser Übergang eben auch dank der eigenen, „inneren" Modernisierungsfähigkeit der Produzentengruppen und ihrer kulturellen Praxis. Deren Flexibilität in der Lebensweise, in der Familienform, in der Verbindung von Subsistenzarbeit und Lohnarbeit, in der „privaten" Bewältigung von Krisensituationen – kurz: die spezifischen *Kultur- und Lebensformen* der Unterschichten schaffen eigene Regulationssysteme des „sozialen Wandels" und der „Modernisierung", die unterhalb der staatlichen und technokratischen Ebene die wirtschaftlichen und sozialen Umbauprozesse aktiv mitsteuern.

Insofern beginnt hier auch die *Klassenformierung* in einem doppelten Sinne von selbsttätiger Bewegung und von gesellschaftlichem Bewegtwerden. Mit den Veränderungen von Arbeits- und Lebenswelt, von sozialer Lage und sozialer Position lösen sich die alten ständischen Muster sozialer Ungleichheit allmählich auf, und an ihre Stelle treten klassengesellschaftliche Herrschafts- und Beziehungsstrukturen. Dabei bilden die Unterschichten jenes breite Reservoir, aus dessen Teilgruppen sich die neue Arbeiterklasse zusammensetzen wird. Zwar vollzieht sich dies nur langsam in einem keineswegs linearen und einheitlichen Prozeß der „Proletarisierung", doch sind dessen Vorzeichen bereits jetzt sichtbar: die massenhafte Pauperisierung halbbäuerlicher wie protoindustrieller und kleingewerblicher Gruppen, die zunehmende Einbindung von Produktion und Konsumtion in die Herrschaft des Marktes, schließlich der wachsende Zwang zu dauerhaften, festen Lohnarbeitsverhältnissen.

*Sozialer Wandel als Basisprozeß*

## 2.2 Frühindustrialisierung und Proletarisierung

Sicherlich kann man im Vormärz noch nicht von einem gefestigten *Industriearbeitermilieu* in Deutschland sprechen. Mit einer Ausnahme vielleicht: Im Bergbau entwickelten sich durch die frühe

Kapitalisierung eine industriell durchorganisierte Produktionsweise und eigene Formen einer Arbeits- und Berufskultur, eigene Geselligkeits- und Siedlungsformen, kurz: ein in sich gefestigtes soziales Reproduktionssystem, das bereits deutliche Züge „proletarischer" Lebensweise und Kultur aufweist [63: TENFELDE, Bergarbeiterschaft].

Insgesamt jedoch muß sich die Industriearbeiterschaft erst als Klassenformation konstituieren, müssen sich unterschiedlichste Berufsgruppen und Sozialmilieus gleichsam verschmelzen zu einer neuen sozialen und kulturellen Legierung. Überwiegend rekrutiert sich die erste Fabrikarbeitergeneration aus dem Bereich der Handarbeiter, also der städtischen Taglöhner und der Erdarbeiter an Eisenbahn- und Festungsbauten, der Gesellen-Arbeiter und der kleinen Handwerksmeister. Von diesem Umschichtungsprozeß ist somit auch der untere Rand des Kleinbürgertums nachhaltig betroffen, die Proletarisierung kleiner Handwerker und Gewerbetreibender bildet im Vormärz fast eine Massenerscheinung.

Angesichts der Unsicherheit dieser frühindustriellen Lohnarbeit bleiben jedoch kleiner Landbesitz und halbbäuerliche Subsistenzarbeit, Saisonarbeit und Arbeitswanderung lange Zeit noch *strukturelle Merkmale* früher Arbeiterexistenz in Deutschland, eine Art privater, familiärer „Sozialversicherung" gegen die Krisenhaftigkeit frühindustrieller Wirtschaft. So gilt zwar allgemein, daß im Prozeß der Proletarisierung die Tendenz zur Trennung von Arbeiten und Leben auch als unmittelbare räumliche Trennung erfahren wird. Doch zeigt der Blick auf die lokalen und regionalen Vorgänge immer wieder, wie häufig hier Zwischenformen entwickelt werden, die den Zwang zur „totalen" beruflichen und geographischen Mobilität abwehren: in Gestalt von Heimarbeit und Hausindustrie wie von arbeiterbäuerlicher und Pendlerexistenz.

Für diese Haltung gibt es gute Gründe. Fabrikarbeit bedeutet meist auch den Umzug in die Stadt, ein Ledigenleben und ein Wohnen in Untermiete, in einer sozial und kulturell fremden Welt. Zudem ist in den süddeutschen Gebieten das „Heimatrecht" als verbriefter Anspruch auf Arbeits- und Heiratserlaubnis, auf Wahlrecht und soziale Unterstützung bis in die 1870er Jahre und zum Teil darüber hinaus faktisch an den Geburtsort gebunden. Das wirkt hier als zusätzliche Mobilitätsbremse: Wer an eine eigene Familie, an einen eigenen Lebensentwurf denken kann und nicht „ziehen" muß, der bleibt im Umkreis von Heimatort und Familie [146: MATZ, Pauperismus].

Ansätze proletarischer Klassenbildung

Auch deshalb wird das traditionelle Modell der „Produktionsfamilie" in seinen Grundzügen noch lange beibehalten – zugleich ein Beweis seiner hohen Anpassungsfähigkeit. Denn im Wechsel zwischen den Generationen wird es den jeweiligen Veränderungen in der Erwerbsstruktur und der Einkommenssituation angeglichen. Das zeigt sich deutlich etwa im säkularen Trend zu sinkendem Heiratsalter und zur „Neigungsehe" in den hausindustriellen und arbeiterbäuerlichen Familien, die nicht mehr in bäuerlichen Erbstrategien denken und jenes Heiratsprinzip des „Acker zu Acker" beachten müssen, oder auch im freiwilligen Übergang zu verstärktem Warenkonsum, der gegen bäuerliche Selbstversorgungsprinzipien verstößt. Für den städtischen Raum hingegen gilt mehr die gegenläufige Tendenz. Dort verliert die Rolle der Familie als Produktionseinheit an Bedeutung, je mehr sich „reine" Lohnarbeit, städtische Wohnformen und neue Konsumstile durchsetzen.

In diametralem Gegensatz zu bürgerlichem Haushaltungs- und Sparsamkeitsdenken werden vor allem von ledigen Arbeiterinnen und Arbeitern nun Formen des demonstrativen Konsums praktiziert: großzügige Trinkeinladungen und warme Mahlzeiten in den Gasthäusern, modische Kleidung und Schmuck, exzessiver Kaffee- und Tabakgenuß. Es ist eine „Ökonomie der Verausgabung" [96: MEDICK, Plebejische Kultur], die in der Tradition der vorindustriellen, „plebejischen" Kultur städtischer Taglöhner- und ländlicher Heimarbeitergruppen steht. Angesichts der fehlenden Möglichkeiten haushälterischer Selbstversorgung und des geringen Nutzens vorsorgenden Ansparens lebt man in einer „Notbehelfsökonomie", in ständigen Wechsellagen von relativer Konsumtionsfähigkeit und von akuter Not. So konzentrieren sich die Bedürfnisse auf das Hier und Jetzt, auf den momentanen Genuß, eben auch als psychischen Ausgleich für die Härte der Arbeit und für das Unkalkulierbare und Unsichere der Zukunft: ein Grundzug künftiger proletarischer Lebensweise.

## 2.3. Sozialer Protest: Sozialkritik und Symbolsprache

Einerseits dienen diese „neuen Genüsse" natürlich auch als Lockmittel zur Eingewöhnung in industrielles Arbeits- und Konsumverhalten. Wer Kaffee, Süßigkeiten und Alkohol konsumieren, wer neue und damit importierte, teurere Stoffe tragen will, braucht regelmäßigen und wachsenden Verdienst, muß länger und intensiver arbeiten. So wird der Weg in die Fabrik und in die industrielle Arbeitsdisziplin auch geebnet durch die dialektische Wirkung von Repression und Verführung, von Fabrikordnung und Konsumtionsanreiz [218: SANDGRUBER, Konsumgesellschaft, 15 ff.]. Andererseits wirken diese Verhaltensmuster als kulturelle und politische Anstöße. Sie bereiten die Unterschichten vor auf einen neuen, selbstbewußteren Umgang mit ihren materiellen und sozialen Bedürfnissen. Auf dem Markt entsteht damit ein wesentlich schärfer aufgeladenes *soziales Spannungsfeld* zwischen den Polen Konsum und Bedürfnis, das sich im Protest entlädt. Deshalb verkörpert der frühindustrielle soziale Protest – vor allem die „Brot-" und „Bierkrawalle" der 1830er und 1840er Jahre – nun noch sehr viel nachdrücklicher eine Sprache der Bedürfnisse und ein Artikulationsmedium von Gesellschaftskritik. Er ist nicht mehr nur ein defensives Demonstrieren von Hunger und gegen Not, sondern bereits auch ein Kampf um das Grundrecht auf Konsum und Genuß und damit zugleich eine symbolische Zurückweisung der Disziplin- und Mäßigkeitsappelle von Bürgern und Obrigkeit [303: VOLKMANN/ J. BERGMANN (Hrsg.), Sozialer Protest; 32: HUSUNG, Protest].

Ironischerweise wird auch dieser symbolische Kampf um „moderne" Bedürfnisse häufig in „traditionellen" Formen aus dem Repertoire der Volkskultur und der plebejischen Kultur ausgetragen. Er artikuliert sich in Rügebräuchen und fastnachtsähnlichen Formen, im „Blauen Montag" der Handwerksgesellen wie im Marktprotest der Frauen, oder auch in der unmittelbaren „Krisenselbsthilfe" des Wilderns und des Nahrungs- und Holzdiebstahls, die im späteren Vormärz geradezu epidemische Ausmaße annimmt [279: BLASIUS, Kriminalität, 46 ff.]. Auch das sind gleichsam durch ihre „Tradition" sich selbst legitimierende Formen, und sie bedeuten beides: praktische Notmaßnahme und demonstrative Regelverletzung. Man hungert, und man zeigt, daß man hungert, daß die Versorgungs- und Marktsysteme nicht funktionieren, daß die Begüterten und die Behörden ihrer sozialen Verpflichtung nicht nachkommen. Immer noch ist es ein Argumentieren nach den Grundsätzen jener „moralischen Ökonomie".

*Unterschichten in der Tradition von Volkskultur und plebejischer Kultur*

Zweifellos ist dies eines der auffälligsten Merkmale dieser Vormärzzeit: die Entwicklung öffentlicher *Selbstdarstellungsformen* und offensiver *Artikulationsmuster* der Unterschichten. Sie scheinen mit ihren Interessen nun viel stärker in der Öffentlichkeit präsent, drängen in die städtischen Zentren hinein, verlagern ihre Leben aus dem häuslichen Bereich auf den Markt und auf die Straße, artikulieren nicht mehr undeutlich dumpfen Unmut, sondern gezielte Sozialkritik. Und in diesem Protest schärfen sich auch die sozialen Profile: Der kleine Handwerker oder der selbständige Bauer ist auf dieser Bühne der kollektiven Aktionen kaum zu sehen, denn dort agiert für ihn nicht „Volk", sondern der „Pöbel" der Taglöhner und Arbeiter [88: KASCHUBA, Volkskultur, 127 ff.].

Bei diesem Wandel der sozialen Beziehungen spielen auch die Veränderungen der gesellschaftlichen Wahrnehmungshorizonte und Kommunikationsformen eine wesentliche Rolle. Zwar dominiert in den Gruppen noch die traditionelle *mündliche Verständigung*, also der unmittelbare Austausch über Tagesereignisse oder Brotpreise, die Erzählung von Erlebtem oder Gehörtem, die Märchen und Lieder als Geschichts- und Unterhaltungsstoffe. All das prägt und formt die „Weltanschauung" des einzelnen wohl mehr als die sporadischen Kontakte mit schulischen Lernstoffen und Unterricht. So vermitteln und überliefern sich auch bestimmte Vorstellungen von reich und arm, von gerecht und ungerecht, von gut und böse – kurz: Elemente eines gemeinsamen Wertehorizonts, die im „kollektiven Gedächtnis" transportiert werden und die weit mehr sind als gegenwartsferne Phantasiestoffe.

Nun kommen jedoch neue Formen der *Schriftlichkeit* hinzu. Obwohl die Lesegeschichte der Unterschichten immer noch viele offene Fragen aufwirft, kann man davon ausgehen, daß um 1840 rund vier Fünftel der Bevölkerung des späteren Deutschen Reiches über gewisse Grundkenntnisse im Lesen und Schreiben verfügen. Und der damalige Buch- und Zeitungsmarkt beweist, daß auch in den Unterschichten mehr gelesen wird, Bücher wie Zeitungen, Flugschriften wie amtliche und „wilde" Wandanschläge. Vor allem verbreiten sich in dieser Zeit lawinenartig jene „Volks-Lesestoffe", die von „Kolporteuren", von wandernden Bücher- und Heftchenverkäufern unter die Leute gebracht werden: Rittersagen wie neue Gesellschaftsromane, Eugène Sue wie Alexandre Dumas, Kriegs- wie Liebesgeschichten – die sprichwörtliche „Dienstbotenlektüre". Dadurch wird eine neue Sicht auf die Gesellschaft mitgeformt – nicht nur durch das Lesen selbst, sondern auch durch die daraus entstehende neue Kommunizierbarkeit und Öffentlichkeit des Themas „Gesellschaft" [245: ENGELSING, Sozialgeschichte, 180 ff.].

*2.4. 1848/49 – Revolution als Politisierungs- und Lernprozeß*

Das Bild mag überzeichnet erscheinen, doch in vieler Hinsicht wirken die Vormärz- und Revolutionsjahre wie eine Art politische

„Volksschule". Obwohl sich die *politische Öffentlichkeit* über die Zeitungen und Vereine, über Diskurs und Raisonnement zunächst in der bürgerlichen Sphäre formiert, sind an diesem Nachdenken über Gesellschaft auch die Unterschichten aktiv beteiligt [239: DANN (Hrsg.), Vereinswesen]. Auch Handwerksgesellen- und Arbeitergruppen artikulieren ihre Interessen und erproben die Chancen wie die Grenzen sozialer Emanzipation. Spätestens die Revolution von 1848/49 macht deutlich, daß die bisher für unmündig, weil in Unmündigkeit Gehaltenen sich die Kompetenz zur Mitgestaltung von Politik und Gesellschaft nicht mehr länger absprechen lassen.

Protest als Politik „von unten"

Sie formulieren im „Lernprozeß Revolution" Forderungen nach materieller Verbesserung, aber auch nach sozialer Anerkennung und Gerechtigkeit. Soziale Integrationswünsche mischen sich mit eigenen Vorstellungen darüber, wie die gesellschaftlichen Beziehungen besser, anders zu gestalten seien. Und die organisierten Arbeiter- und Gesellenvereine nehmen bereits Stellung zu den Fragen von Demokratie und Nation, zu jenen „deutschen Schicksalfragen". Auch nach dem Scheitern des Experiments „Demokratie" in Deutschland nach 1849 läßt sich dieser politische Lernprozeß nicht mehr rückgängig machen. Denn damit sind Grundmuster einer modernen *politischen Kultur* entstanden, die nun fast selbstverständlich Alltagskultur und Alltagshabitus auch äußerlich mitprägt: Fahnen und Farben, Grußformeln und Embleme werden offen oder verdeckt als „Gesinnungszeichen" benutzt – symbolischer Ausdruck der „Einmischung" in den Gang der Geschichte.

# 3. Gesellschaft in der Industrialisierung: Neue Erfahrung von Raum und Zeit

Zwischen der 1848er Revolution und den „Gründerjahren" verändern sich mit der Industriellen Revolution nicht nur Produktionsweisen und Produktionsstätten, sondern die gesellschaftlichen Lebensräume und Beziehungsformen insgesamt. Ausgelöst durch die Agrarkrise der 1850er Jahre und begünstigt durch die fast ungebrochene konjunkturelle Prosperität der Industrie bis 1872/73, beginnt nun der massenhafte Übergang vor allem kleingewerblicher Arbeitskräfte in die Fabriken. Damit ist eine in diesem Umfang neue Dimension räumlicher Mobilität erreicht: Die Land-Stadt-Wanderung und das Städtewachstum verzeichnen Rekordquoten.

Bedingungen und Wirkungen regionaler Mobilität

Liegt die Zahl der Städte mit mehr als zehntausend Einwohnern im
Jahr 1850 auf dem Gebiet des späteren Deutschen Reiches noch bei
80, so hat sie sich bis 1871, also innerhalb nur einer Generation, mit
220 fast verdreifacht. Städte wie Berlin, Leipzig, Breslau, Düsseldorf verdoppeln ihre Einwohnerzahl in diesem Zeitraum – Berlin
erreicht damit fast die Millionengrenze –, und Bochum und Dortmund vervierfachen sie sogar [128: REULECKE, Urbanisierung,
40 ff.].

### 3.1. Binnenwanderung: Eintritt in die Stadt- und Fabrikwelt

Obgleich eine breite Bewegung hin zur Stadt einsetzt, kommt es
dennoch zu keiner Zeit zu wirklich massenhafter „Landflucht".
Wanderungsstatistisch gesehen, wirken die Städte lediglich als Auf-
fangbecken des in diesen beiden Jahrzehnten rasanten Bevölke-
rungswachstums von fast einem Prozent pro Jahr. Überdies zeitigt
die neue Mobilität auch positive Rückwirkungen auf die ländlichen
Regionen, indem umgekehrt städtische Erfahrungen und Lebensformen in die Dörfer „einwandern" – ein kultureller Transfer durch
Waren und Konsum, durch aufrechterhaltene Familienbeziehungen
und durch Rückwanderer. Damit zeichnet sich auch hier ein begin-
nender Wertewandel ab, denn bis dahin gilt im ländlichen Raum
noch ein deutlich gespaltener Orientierungshorizont: Für die einen
bedeutet Fabrikarbeit einen „sozialen Neubeginn"; für andere,
wohl für die Mehrheit der Kleinbauern, Taglöhner und heimindustriellen Familien, erscheint Fabrikarbeit vor dem dörflichen Wertehorizont, der nach wie vor in bäuerlichen Besitzkategorien „denkt",
als endgültiger sozialer Abstieg und Statusverlust [117: KASCHUBA/
LIPP, Dörfliches Überleben, 42 ff.].

Zwar beschränkt sich die unmittelbare Erfahrung von Fabrikarbeit zunächst nur auf wenige hunderttausend Arbeitsplätze, doch
bringt die extrem hohe Fluktuation in den Fabriken eine wesentlich
größere Zahl von Arbeitskräften damit in Berührung. Darüber hinaus sorgen die Erzählungen und die übermittelten Berichte von den
Systemen der Arbeitsordnung wie der Entlohnung dafür, daß die
neuen Produktionsverhältnisse bereits in den allgemeinen Erfah-
rungshorizont aufgenommen sind, daß man sich ein eigenes Bild
von „der Fabrik" macht. Verglichen mit heutigen Vorstellungen
mag die Zahl und Größe damaliger Fabriketablissements bescheiden erscheinen, denn Betriebe mit 500 oder 1000 Arbeitern sind vorerst selten. In zeitgenössischer Perspektive bedeutet es freilich einen

gewaltigen qualitativen Erfahrungsunterschied, ob man mit ein oder
zwei Mitgenossen in einer Werkstatt arbeitet oder gemeinsam mit 50
oder 200 Kollegen in einer Fabrikhalle. Fremd und neu ist dabei
nicht nur die Betriebsgröße, sondern mehr noch die Erfahrung einer
„totalen" Arbeitswelt, in der die Fabrikdisziplin als abstrakte, „un-
persönliche" Arbeits- und Zeitordnung regiert.

In diese nicht erfahrungsbezogen, sondern normativ aufgebaute Ordnung fügen sich die ersten Arbeitergenerationen daher oft
nur widerstrebend ein. Sie bringen aus ihren vorherigen Berufen
eigene Vorstellungen und Verhaltensmuster mit und versuchen, dem
„menschlichen Faktor" auch in der industriellen Produktion mehr
Geltung und Bewegungsfreiheit zu verschaffen, um sich selbst in
kultureller wie psychisch-sozialer Hinsicht nicht zu verlieren. Gegen
die Monotonie der Produktion und die Rationalität der Ordnung
setzen sie deshalb die Subjektivität und die Widerspruchsgeste ihrer
kleinen Disziplinverstöße: die Rauchpausen, den „blauen Montag"
und das Zuspätkommen, die kollegialen Neckereien und den Alkohol am Arbeitsplatz. Herausgefordert durch die Regeln und die Verbote, werden solche Verstöße und Übertretungen offenbar als eine
Art von symbolischen *Identifizierungsakten* erlebt, als ein Sich-Wie-
derfinden in eigenen Bedürfnissen. Ein Arbeiter schreibt über die
Wirkung der Fabrikdisziplin: „Sobald der Mensch gefangen, darf
er nicht sprechen, nicht singen, nicht rauchen, keinen freien Willen
haben, alle seine Gefühle, er muß sie unterdrücken, der Mensch in
ihm wird erstickt" [177: MACHTAN, Innenleben, 185].

Auch außerhalb der Fabrikwelt beginnt in diesen Jahrzehnten
die „Industrialisierung" des Verkehrs und des Konsums, es ist ein
erster Schritt zur Urbanisierung städtischer Arbeits- und Lebenswelt. Dampfmaschine und Eisenbahn bedeuten neue Geschwindig-
keit und neue Mobilität, sie diktieren einen industriellen Takt der
Arbeit wie ein industrielles Tempo der Bewegung. Und es ist ganz
erstaunlich, wie rasch und selbstverständlich gerade die Eisenbahn
in Lebensgewohnheiten und Alltagshandeln von der Arbeit bis zur
Freizeitgestaltung integriert wird.

*Auflehnung gegen Fabrikdisziplin*

## 3.2. Moderne Freizeit- und Konsumformen

Diese Veränderung der Zeit- und Raumerfahrung trennt vielleicht am nachhaltigsten städtisches vom ländlichen Leben. Denn
die ländliche Welt, in der immer noch rund zwei Drittel der Bevölkerung leben, bleibt in vieler Hinsicht weiterhin dem vorindustriel-

len Arbeits- und Lebensrhythmus verbunden. Dagegen prägen den urbanen Erfahrungsraum nun die Gesetze der Mobilität und Rationalität, der Trennung von Arbeits- und Lebenswelt, von Arbeits- und Lebenszeit. Schon begrifflich wird das augenfällig im Wechsel vom „Feierabend" zur „Freizeit". Und wie die neue Organisation der Arbeit, so muß auch die „Freizeit" erst erlernt werden. Nur sehr allmählich entwickeln sich hier eigene sozialkulturelle Formen nichtbürgerlichen *Freizeitverhaltens.* Mit der Herauslösung der Handwerksgesellen aus den Meisterhaushalten, mit der Zunahme der städtischen Dienstboten und schließlich mit den ersten Fabrik-

Industrialisierung<br>der Freizeit arbeitern, kurz: mit dem massierten Auftreten von Personen, die ohne Familie keinen festen räumlichen und sozialen Bezugspunkt für den freien Abend besitzen, setzt ein deutlicher Trend zur Entfamilialisierung städtischen Alltagslebens ein. Durch das neue Bedürfnis nach Raum- und Unterhaltungsangeboten entsteht eine eigene, öffentliche Freizeit-Infrastruktur: Gaststätten, Gärten, Kegelbahnen und Verkaufsbuden als Orte des „kleinen Genusses" im Spiel, im Gespräch, beim Tanz – auch im Sinn einer Kultur des Konsums, des Kaffeetrinkens und Rauchens, des Flanierens und Schauens [250: HUCK (Hrsg.), Freizeit].

Sehr anschaulich spiegelt sich dieser Prozeß wider in der Veränderung von gesellschaftlichem *Zeitbewußtsein* und öffentlicher *Zeitordnung.* In Hamburg etwa werden um 1850 die Stadttore nicht mehr wie früher mit Anbruch der Dämmerung zwischen 16 und 21.30 Uhr je nach Jahreszeit geschlossen, sondern nun generell erst in der Nacht, damit die vor der Stadt gelegenen Vergnügungsstätten besucht werden können. Ebenso gleitet die Polizeistunde der Wirtshäuser weiter nach hinten, und das Frühstück der Handwerker verschiebt sich morgens von 4.30 auf 5.30 Uhr, weil sich der Arbeitsbeginn in Werkstätten wie Fabriken auf 6.00 Uhr einpendelt. Die „Wachzeit" macht also eine epochale Verschiebung durch, weil der arbeitsfreie, verlängerte Abend als aktive, gestaltete „Freizeit" ein Eigengewicht erhält [262: NAHRSTEDT, Freizeit, 85 ff.].

In enger Verbindung damit beginnt nun die *Industrialisierung* der Nahrungsmittelproduktion und der Eßkultur. Immer mehr Eßwaren werden industriell produziert und zugleich den Bedingungen industriellen Arbeitslebens angepaßt, angefangen von der flächendeckenden Versorgung mit Kaffee und Schnaps über die Einrichtung moderner Brauereien und Schlachthöfe bis hin zur Mechanisierung der Brotproduktion und zur Rationalisierung der Küche in den Speisehäusern [225: TEUTEBERG, Nahrung]. Das bedeutet eine

wesentliche Erweiterung des Lebensmittelmarktes, den Ausbau von
Versorgungs- und Dienstleistungsbetrieben, eine längere Haltbar-
keit und bessere Transportierbarkeit etwa von Mehl, Bier, Süßigkeiten, Trockenfisch und anderen konservierten Nahrungsmitteln. Vieles wird nun abgestimmt auf täglichen Kauf und raschen Verzehr:
Warenkonsum als Grundprinzip der täglichen Nahrungsversorgung
– sofern der Lohn dafür ausreicht.

### 3.3. Proletarische Lebensformen

Mit dieser Veränderung der materiellen Lebensbedingungen
entstehen verstärkt auch „künstliche" Freizeitformen und -institu-
tionen der Unterschichten, die jenem Sog von Konsum und Kom-
merz bewußt begegnen wollen. Orientiert am bürgerlichen Vorbild,
organisieren sich eigene Einrichtungen und Vereine, in denen Freizeit sinnvoll gestaltet und vor allem zur Selbst- und Weiterbildung
genutzt werden soll: Lesevereine, Liederkränze und Arbeiterbil-
dungsvereine, bald auch Spar- und Konsumvereine zur materiellen
Selbsthilfe. Zunächst sind diese Organisationsformen auch als
„Schleusen" gedacht, als Integrationsmodelle in die bürgerliche Gesellschaft, aus der man sich ausgegrenzt fühlt. Erst die weitere Ausbreitung der *Arbeitervereine* unter eindeutig politischen Vorzeichen
und der Aufbau von Gewerkschaften und Arbeiterparteien von den
1860er Jahren an führen dann zu wirklicher Unabhängigkeit. Bürgerlicher Gesellschaft und Kultur wird das Modell „Arbeiterkultur"
als Alternative entgegengesetzt: einerseits ein politisch-organisatori-
sches Gegenprogramm der Arbeiter*bewegungs*kultur, andererseits
ein Entwurf neuer sozialer Selbstbilder, neuer kultureller Werte,
neuer Lebensmodelle in einer Arbeiter*alltags*kultur. Beides zusammen entwirft Konturen einer selbstbewußteren „proletarischen"
Identität [277: WUNDERER, Arbeitsvereine].

*(Randnotiz:* Erste Schritte zur Konstituierung einer Arbeiterbewegungs- und -alltagskultur*)*

Viele dieser Veränderungsschritte vollziehen sich natürlich nur
sehr langsam, oft erst im Übergang von der ersten zur zweiten, zur
„geborenen" Arbeitergeneration. Mit dem frühen Eintritt in die
Lohnarbeit, in den Konsumenten- und Erwachsenenstatus, oft auch
in die selbständige Existenz außerhalb der Familie steht das *Jugend-
alter* in den Unterschichten nun unter ganz anderen Vorzeichen, die
gravierende Rollenveränderungen und Autoritätskonflikte mit sich
bringen. Denn mit der frühzeitigen wirtschaftlichen und sozialen
Selbständigkeit werden Konsumverhalten, Geselligkeitsformen und
auch wichtige Lebensentscheidungen zunehmend in eigener Regie

gestaltet. Im Bereich von Sexualität und Heiratsverhalten wirkt zwar nach wie vor der Grundsatz der sozialen Endogamie, also der Bindungen und Heiraten innerhalb der eigenen sozialen Gruppe, jedoch findet die Partnerwahl nun deutlich früher und freier statt: Nicht mehr die Eltern „verheiraten", sondern die Kinder entscheiden selbst über das Ob und das Wen [144: KOCKA et al., Plazierung]. Eingebettet in diesen Trend zur Entfamilialisierung ist wiederum eine Gegenbewegung hin zu neuer familiärer Orientierung. Große Gruppen landwirtschaftlicher und gewerblicher Arbeitskräfte, für die bis dahin ein langes, oft lebenslanges Ledigen-Dasein ohne ernsthafte Heiratsaussicht galt, können nach der Lockerung der Heiratsgesetze und dem Eintritt in die „freie" Lohnarbeit nun eigene familiäre Existenzen gründen. So werden die verheirateten Landarbeiter, Mägde, Handwerksgesellen und Handarbeiter ein neues „massenhaftes" Phänomen des mittleren 19.Jahrhunderts – ein gravierender Unterschied zur vorindustriellen Lebensperspektive dieser Gruppen [156: SIEDER, Familie, 157ff.]. Nur die Dienstboten bleiben von dieser Entwicklung fast völlig abgeschnitten: „Zölibatäres" Leben, soziale Bevormundung und niedrigste Löhne bleiben Grundcharakteristika ihrer Gruppenexistenz [198: WIERLING, Dienstmädchen].

Auch hier zeigt sich, daß die Industrialisierung zwar einen Prozeß der Vereinheitlichung von Arbeits- und Lebensbedingungen großer Produzentengruppen einleitet, daß sie zugleich aber auch neue Unterschiede und Gegenläufigkeiten schafft. Unübersehbar findet auch ein Vorgang der sozialkulturellen *Regionalisierung* statt, bei der sich die Unterschiede „regionaler" Lebensweise nicht mehr in landschaftlicher Kost und Tracht ausdrücken, sondern in eigenen Varianten der übergreifenden kapitalistischen Produktions- und Reproduktionsverhältnisse. In spezifischen Industriebranchen und Arbeitsformen, in Mischsystemen gewerblich-agrarischen Einkommens und in eigenen Siedlungs- und Wohnweisen, in besonderen Gruppen- und Geselligkeitsformen entwickeln sich neue Züge regionaler Kultur und Lebensweise, die kaum weniger eigene Charakteristika aufweisen als ihre vorindustriellen Vorgänger. Trotz der grenzüberschreitenden Wirkung neuer Technik, neuer Mobilität, neuer Kommunikation formt sich im Ruhrgebiet ein anderes Arbeitermilieu als in den sächsischen Industrieregionen, unterscheidet sich das Leben in Berliner Mietskasernen nicht nur durch seine „Massenhaftigkeit" von jenem in schwäbischen Arbeiterbauernhäusern. Wohl werden die vorindustriellen Lebenswelten „vergesell-

schaftet" – doch lösen sie sich damit nicht auf, sondern sie konstituieren sich neu in anderen sozialen und kulturellen Formationen.

## 4. Arbeiterkultur: Klassenprofile und Lebensstile des Wilhelminismus

In der Zeit nach der Reichsgründung kann man endgültig von
einer „Industriegesellschaft" in Deutschland sprechen. Noch stärker als zuvor bilden die Industriestädte die Kristallisationspunkte
der technischen wie der gesellschaftlichen Entwicklung, und wiederum sind sie es, die den rasanten Bevölkerungszuwachs aufneh-
men. Trotz der Massenauswanderung von rund 2,7 Mio. Menschen
in den Jahren 1871 bis 1910 erhöht sich die Bevölkerungszahl um      Bevölkerungsstati-
25 Mio. Menschen und erreicht im Jahr 1914 mit 67,8 Mio. ihren       stische und demo-
Höchststand. Während bis 1870 etwa die Geborenen- und Sterbezif-     graphische Daten
fern in relativ parallelen Linien verliefen, kennzeichnet nun eine
unvermindert hohe Gebürtigkeit bei deutlich sinkender Sterblich-
keit vor allem bei Kindern die Entwicklung. Zunächst werden die
traditionellen Muster des *generativen* Verhaltens also beibehalten,
was zu einem deutlichen Anstieg der durchschnittlichen Kinderzahlen bzw. der überlebenden Kinder führt. So erhöht sich die statistische Lebenserwartung, die 1871 noch bei 37 Jahren liegt, bis 1910
auf 47 Jahre. Dann, nach 1900, erfolgt in der nächsten Generation
der sogenannte „demographische Übergang", also die Orientierung
an modernen kleineren Familienmodellen [36: MARSCHALCK, Bevöl-
kerungsgeschichte].

Sicherlich sind die Ursachen für diese Entwicklung zunächst
ganz allgemein in der verbesserten materiellen Lage und stabileren
Ernährungssituation der Gesamtbevölkerung zu sehen. Hinzu kommen die Wirkungen neuer städtischer Hygieneprogramme und öffentlicher Gesundheitsvorsorge, etwa in Gestalt des systematischen
Ausbaus von Kanalisation und Wasserversorgung, von Waschan-
stalten und Volksbädern, schließlich auch die neuen Städte- und
Wohnungsbauprogramme [128: REULECKE, Urbanisierung, 57].
Doch entscheidend für die gewachsenen Lebenschancen ist wohl,
daß die werktätigen Schichten inzwischen über mehr soziale Eigen-
erfahrung verfügen, um ihre Existenz industriegesellschaftlichen
Reproduktionsbedingungen anzupassen, also über ein Repertoire
individueller, familiärer und kollektiver Organisationsmuster von
„Arbeiterleben".

Schon wenige Zahlen können verdeutlichen, weshalb dieser Industrialisierungs- und Urbanisierungsschub von den Zeitgenossen als „Vermassung des Lebens" wahrgenommen wird. Massenkonsum, Massenwohnen, Massenverkehr sind die neuen Schlagworte, die sozialen Lebenslagen und Lebensstile scheinen sich unaufhaltsam zu verwischen. Hier beginnt in Deutschland die eigentliche Epoche der *modernen Großstadt*: Von 1871 bis 1910 versechsfacht sich die Zahl der Städte über 100 000 Einwohner von 8 auf 48, der Anteil der „Großstädter" an der deutschen Gesamtbevölkerung steigt von 4,8 auf 21,3 Prozent [128: REULECKE, Urbanisierung 68 f.]. Städte wie Berlin, Hamburg, Köln, München verkörpern ein Kaleidoskop der Gegensätze, sind „proletarische" Zentren und „bürgerliche" Metropolen zugleich. Zum ganz anderen Typus der Fabrik- und Arbeiterstadt entwickeln sich Ruhrgebietsorte wie Bochum oder Dortmund, wo von urbaner Kultur noch wenig zu verspüren ist. Ohnehin finden sich im Großstadtleben noch vielfältige Mischformen von dörflicher und urbaner Lebensweise und Kultur, ländliche Einfärbungen im vermeintlichen Einheitsgrau des Arbeiterlebens: Kleintierhaltung und Rüben-Ecken, Kartoffelanbau und Hausschlachtfeste. Das verbindet dieses „proletarische" Modell oft noch eng mit dem „Normalfall" damaliger Arbeiterexistenz, die sich überwiegend im ländlich-kleinstädtischen Milieu abspielt [57: MOOSER, Arbeiterleben, 160 ff.].

### 4.1. „Halb-offenes" Familienleben

Immerhin kann man nun tatsächlich von „geborenem Proletariat" in Deutschland sprechen. Die zweite Arbeitergeneration ist großenteils schon im Milieu aufgewachsen, bezieht ihre Einkünfte ausschließlich aus Lohnarbeit, findet feste Familienformen, kennt nur die industrielle Arbeitssphäre. Damit ist in diesen 1870er Jahren ein erster wesentlicher Abschnitt im Formationsprozeß der Arbeiterklasse insoweit abgeschlossen, als sich gesamtgesellschaftlich gültige Strukturen proletarischer Lebenslage und Lebensweise herausgebildet haben [65: ZWAHR, Konstituierung].

*(Randnotiz:)* Materielle Bedingungen und kulturelle Formen des Arbeiterlebens festigen sich

Familienleben erscheint nun als neuer Wert, erhält ein neues Gewicht als Ort des Ausgleichs, als häuslicher Gegenpol zur Hektik und Monotonie der Fabrikarbeit. Neben den großen Gruppen der Ledigen und Alleinlebenden treten nun die *Arbeiterfamilien* stärker hervor, prägen das Alltagsbild der Quartiere und die sonntägliche Szenerie der Biergärten und Parks. Über Schlafstellen oder Kost-

und-Logis-Plätze finden die Alleinstehenden wiederum in gewisser Weise Familienanschluß, sind Teil der „halb-offenen" Arbeiterfamilie [135: BRÜGGEMEIER/NIETHAMMER, Schlafgänger].

So bilden sich gewisse Grundmodelle proletarischer Wohnweise und Siedlungsform heraus – je nachdem ob freie Mietwohnung oder Werkskolonie, ob Schlafgängerleben oder gar eigener Hausbesitz, wie er im Süden oder auch in den Randzonen des Ruhrgebiets keineswegs selten ist. Vor allem in den Regionen der Montanindustrie an Ruhr und Saar entstehen geschlossene, eher ländliche Arbeiterkolonien, während andererseits die Zeit der großstädtischen Mietskaserne anbricht, des buchstäblich hautengen Nebeneinander, des ständigen Wechsels der Wohnnachbarn, der Wohnungsnot und der Zwangsräumung. In Essen wird bei der Wohnungsaufnahme des Jahres 1900 festgestellt, daß allein in den beiden vorausgegangenen Jahren rund die Hälfte aller Haushalte umgezogen ist.

In all diesen Varianten städtischen oder ländlichen Arbeiterwohnens spielt sich jedoch das familiäre Leben in ein bis zwei Räumen auf ähnliche Weise ab, meist in der typischen Aufteilung von Wohnküche und Kammer, mit gemeinsamer Wasserstelle für mehrere Wohnparteien und dem Abtritt über den Hof. Entscheidend ist die multifunktionale Nutzung der Räumlichkeiten: Die Küche dient als gleichzeitiger Koch-, Eß-, Geselligkeits- und Schlafraum, wobei die wechselnden Funktionen sich tageszeitlich gliedern und den familiären Lebensrhythmus widerspiegeln [213: LANGEWIESCHE, Wohnverhältnisse]. Dazu karges Mobiliar, eine geringe Zahl von Haushalts- und Gebrauchsgegenständen, vereinzelte „Luxusgüter" wie Bücher, Bilder, Schmuck – so zeigen zeitgenössische Fotografien das proletarische Heim [201: ASMUS, Hinterhof]. Bedenkt man überdies, daß um die Jahrhundertwende über zwei Drittel aller Schlafgänger bei Familien mit mehreren Kindern wohnen, weil diese ihre fixen Kosten möglichst niedrig halten müssen, dann verbietet sich jede Vorstellung eines „privaten" familiären Innenraums von selbst. Für die Erwachsenen und mehr noch für die Kinder wird die Straße mit ihren Kommunikations- und Gruppenstrukturen zum zweiten „Lebensort".

Angesichts solch drückender Enge setzt gleichzeitig wiederum ein Herausdrängen aus den großen Familien und Wohnverbänden ein. Besonders die Wünsche der jungen Generation richten sich auf „hedonistische" Ziele, auf Unabhängigkeit, auf den eigenen Haushalt, auf individuelle Konsumwünsche. Und es liegt nahe, in diesen

neuen Familien- und Lebensformen der zweiten Industriearbeitergeneration nun eine Tendenz zur *Verbürgerlichung* zu sehen. Der
Drang zur Kleinfamilie, zu mehr Privatheit, zur abgeschlossenen
Wohnung mit „guter Stube" und zunehmend komplettierter Einrichtung von der Kommode bis zum Sofa scheint dies ebenso zu bestätigen wie die Durchsetzung fester Standards von häuslicher Ordnung und Sauberkeit, die den kleinbürgerlichen so ähneln.

„Verbürgerli-
chung" oder Forde-
rung nach sozialer
Anerkennung?

Doch wäre diese Interpretation gewiß zu vordergründig. Auch
in den Sonntagskleidern und in den Wohnzimmern der situierten
Arbeiterfamilie des Kaiserreichs spiegeln sich nicht einfach Übernahmen bürgerlicher Leitwerte und Lebensformen wider, sondern
zunächst einmal Reflexe der eigenen Lebensbedingungen, der Trennung von Arbeit und „Leben": dort der Schmutz und der Lärm,
hier die Sauberkeit und die Ruhe, dort die verlangte Fähigkeit zur
körperlichen Leistung, hier das eigene Bedürfnis nach körperlicher
Entspannung. Hinzu kommt offensichtlich der Wunsch, damit auch
zu demonstrieren, daß man sehr wohl „kulturfähig", daß der infe-
riore gesellschaftliche Status mithin unverdient sei. Mehr als ein um
Anpassung bemühtes scheint sich darin ein konkurrenzhaftes Verhältnis zu den bürgerlichen Schichten auszudrücken, ein Einfordern
eigener „proletarischer" Respektabilität.

## 4.2. Massenbewegungen und Klassenbewegung

Doch sind das zweifellos Minderheitenprobleme gutverdienen-
der Facharbeitergruppen; für die Masse der Arbeitskräfte hingegen
kann von solcher Stabilität der materiellen und sozialen Existenz
keine Rede sein. Eine zweite Welle der Arbeitswanderung rollt in
den 1880er und 1890er Jahren vom Land in die Städte hinein, verbunden mit extremer Fluktuation im Wohnbereich wie in den Betrieben: Rund ein Drittel aller Industrie- und Handarbeiter/innen
wechselt jährlich den Arbeitsplatz und damit oft die Wohnung oder
gar den Aufenthaltsort [60: SCHÄFER, Industriearbeiter]. Ohne sich
über die Motive, über die Arbeits-, Lohn- und Wohnungsprobleme
besondere Gedanken zu machen, sprechen bürgerliche Beobachter
angesichts dieser Wanderbewegungen von modernem „Nomaden-
tum", vom „Flugsand" der Industrialisierung, der sich unstet hier-
hin und dorthin wehen lasse. Sie vergessen dabei, daß Deutschland
durch die Industrialisierung zwangsläufig nicht nur ein Wande-
rungs-, sondern wenigstens zeitweise auch ein *Einwanderungsgebiet*
geworden ist.

Binnenschichtung
und Unterschich-
tung

Hunderttausende Zuwanderer namentlich aus Schlesien und

Polen strömen besonders in die Rheinprovinz und nach Westfalen hinein und tragen wesentlich dazu bei, daß die Zechenbelegschaften im Ruhrgebiet von 80 000 Arbeitern im Jahr 1880 innerhalb von drei Jahrzehnten auf fast 400 000 anwachsen. Zunächst ethnisch diskriminiert und benachteiligt durch sprachliche und sozialkulturelle Eingewöhnungsprobleme, bilden sie eine neue „Unterschicht" der industriellen Arbeiterklasse und verändern damit auch Bergarbeitermilieu und Arbeiterkultur insgesamt. Im gewachsenen Sozialgefüge entstehen neue Kleinmilieus, manche schlesisch oder polnisch eingefärbt und auf einem eigenen Bindungsgewebe landsmannschaftlicher, kollegialer und auch religiöser und politischer Art beruhend [62: STEFANSKI, Arbeitsmigranten].

Gerade das Beispiel des Ruhrgebiets unterstreicht dabei die Bedeutung der Faktoren *Konfession* und *Kirche* im entstehenden industriellen Arbeitermilieu: einerseits der sich eher abschließende, oft antipluralistisch und antimodernistisch wirkende Katholizismus, der mit seinen sinnlichen Frömmigkeitsformen der Andachten und Wallfahrten, mit seinem fast ghettohaft engen Vereins- und Kirchengemeindeleben und mit seinen Christlichen Gewerkschaften nicht nur bei den Bergleuten starken lebensweltlichen Einfluß besitzt [63: TENFELDE, Bergarbeiterschaft]; auf der anderen Seite und mehr in Nord- und Mitteldeutschland dominant die protestantischen Einflüsse und Weltbilder, deren Horizont vergleichsweise offener erscheint, die freilich auch in gut lutherischer Tradition mehr Selbstdisziplinierung und Obrigkeitshörigkeit bedeuten können. Das sind zweifellos starke kulturelle Unterströmungen im Prozeß *mentaler* Klassenbildung, die besonders auf der unteren Ebene von Milieu und Lebenswelt und in Gestalt von kollektiven Dispositionen und regionalen Mentalitäten eine erstaunliche Eigendynamik und Kontinuität entfalten [125: NIPPERDEY, Umbruch].

*Religion als Faktor mentaler Klassenbildung*

Für die kollektive Identitätsfindung und die Herausbildung klassenmäßiger Orientierungshorizonte viel entscheidender ist jedoch die Rolle der *Arbeiterbewegung*. Schritt um Schritt, und auch durch das Sozialistengesetz zwischen 1878 und 1890 nur verzögert, formt sich durch sie letztlich erst ein fester Zusammenhang von sozialem Lagebewußtsein, politischer Weltanschauung und sozialkultureller Praxis. Sie treibt jenen kollektiven Lernprozeß voran, in dem Vorstellungen und Ausdrucksformen von „Klassenbewußtsein", von „Arbeiterpolitik" und von „Arbeiterkultur" geprägt werden. Nachdem die sozialdemokratischen Partei- und Gewerkschaftsgruppen ab 1890 offen „vor Ort" um Wahlrecht und Tarif-

*Klassenbewußtsein und Klassenkultur*

verträge, um Bildungs- und Sozialprogramme kämpfen können, verfügt die Arbeiterbewegung über entscheidende politische Orientierungskraft und über wirklichen Masseneinfluß. Die SPD-Mitgliederzahl schnellt von 384000 im Jahr 1905 binnen eines Jahrzehnts auf über eine Million empor, die Zahl der sozialdemokratischen Wähler liegt 1912 bereits bei 4,3 Millionen. Damit entwickelt sich zunächst ein Modell politischer und kultureller Praxis, das vor allem eine „Kultur der Bewegung" verkörpert und dessen Erfahrungsweisen und Organisationsformen überdies auf die Lebensverhältnisse der großstädtischen industriellen Arbeiter zugeschnitten sind. Rund 50 Prozent der sozialdemokratischen Wählerstimmen vor dem Ersten Weltkrieg stammen denn auch aus Großstadtbezirken, und fast die Hälfte der 2,5 Mio. Mitglieder der Freien Gewerkschaften lebt dort. Obwohl insgesamt nur ein Fünftel der deutschen Industriearbeiterschaft in Großstädten wohnt [57: MOSER, Arbeiterleben, 162], formt sich die „zweite Kultur" so zunächst als urbane proletarische Kultur. Sie generiert sich als ein Werte- und Normensystem der ortsfesten, besser bezahlten, in stabilen familiären Verhältnissen lebenden Facharbeiter, in mancher Hinsicht sich selbst abschottend gegen andere, nicht in der Berufs-, Branchen- und Milieutradition wurzelnde Wander- und Hilfsarbeitergruppen.

Doch sind andererseits die Wechselwirkungen zwischen dieser Arbeiterbewegungskultur der Hochburgen und dem Arbeiterleben in den Mittelstädten und Provinzen nicht zu übersehen. *Arbeiterkultur* als das Bewußtsein eigener Lebensweise und als ein System eigener Werte und Lebensformen entsteht auch fern von Berlin oder Leipzig, entwickelt als schlichte Konsequenz gemeinsamer Alltagserfahrungen zwischen Fabrik und Quartier. Vor allem scheint sie auch bei den proletarischen Minderheiten in der Provinzgesellschaft jenes alte Gefühl sozialer Minderwertigkeit allmählich in ein positives Bewußtsein der Klassenzugehörigkeit und der Fähigkeit zur Selbsthilfe verwandeln zu können.

Insofern besitzt das sozialistische Modell erhebliche Ausstrahlungskraft weit über die Bewegung hinaus. Mögen auch die Begriffe „Klassenbewußtsein" und „Klassenkultur" nur von einem Teil der Arbeiterfamilien als praktische Anleitung zum politischen Handeln verstanden werden, so vermittelt die gesellschaftliche Tätigkeit der Sozialdemokratie doch Orientierungspunkte und Leithorizonte, mit denen sich weite Teile der Arbeiterklasse und auch der benachbarten sozialen Schichten auseinandersetzen.

## 4.3. Arbeiterbewegungskultur: „Milieu im Milieu"?

Dies ist das entscheidende Moment, die neue Qualität des proletarischen Klassenbildungsprozesses im wilhelminischen Deutschland: „Arbeiterkultur" etabliert sich in der Gesellschaft gleichsam als eine „zweite" *Alltagskultur* mit eigenen Treffpunkten und Kommunikationsräumen, mit spezifischen Geselligkeits- und Wohnformen, mit eigenem Gesellschaftsbild und Wertekodex, mit einer entwickelten politischen Kultur der Vereine, der Partei- und Gewerkschaftsgruppen. Vor allem das Gerüst der Arbeitervereine – also die Konsum-, Sport- und Gesangvereine, die Lese- und Theatergruppen – übernimmt dabei eine tragende Funktion, eine doppelte Mittlerrolle zwischen Alltag und Politik. Zum einen verbinden sich in der Vereinsform soziale Versorgungszwecke und Formen der Freizeitgestaltung mit kultureller und politischer Bildungsarbeit; sie ermöglichen so vielfach überhaupt erst eine politische Betätigung unter den Bedingungen obrigkeitsstaatlicher Verbote und Überwachung. Zum andern werden auch die Familien mit einbezogen in jenes Netzwerk geselliger und politischer Beziehungen, das sich rings um Parteilokale, um Gewerkschaftshäuser und um andere feste Treffpunkte knüpft. Überdies wirken die Vereine mit ihren öffentlichen Veranstaltungen und ihren Festen eben auch als Zugangsschleusen in die Arbeiterbewegung. 1912/13 sind bereits weit über ½ Million Aktive allein in den festen Kulturvereinen organisiert; hinzu kommt ein breites sympathisierendes Umfeld, zu dem große Teile der immerhin 1,5 Millionen Mitglieder zählenden Konsumvereine gehören, auch die proletarische Laubenkolonie- und Gartenbewegung oder die Volkstheater- und Volkshochschulvereine [277: WUNDERER, Arbeitervereine].

> Arbeitervereine als Scharniere zwischen Politik und Alltag

In ihrer Breitenwirkung wohl am attraktivsten ist die *Sportbewegung,* die sich seit Beginn der 1880er Jahre als Arbeitersport in eigenen Vereinen organisiert. 1893 wird die Dachorganisation des Freien Arbeiter-Turner-Bunds gegründet, dem rasch weitere Arbeitersport-Fachverbände folgen. Bald sind mehrere hunderttausend Mitglieder regelmäßig sportlich aktiv. Besonders für die Jugend und die jungen Erwachsenen wird dies ein festes Muster der Freizeitgestaltung, das sich nahtlos in die proletarische peer-group-Struktur einfügt und fast zu einer Lebenswelt en miniature wird, ein „Milieu im Milieu" [272: TEICHLER (Hrsg.), Arbeitersport].

Diese Blüte des Vereinswesens in der Arbeiterkultur kommt auch zustande durch den allmählichen Übergang vom bis dahin 14-

bis 12stündigen zum 12- bis 10stündigen, vereinzelt sogar zum 9stündigen Arbeitstag. Das bedeutet *tägliche* Freizeit und damit die Möglichkeit, eigene Gewohnheiten für einen nun nennenswerten Teil des Tages auszubilden, für immerhin 4 bis 5 Stunden wacher, arbeitsfreier Zeit. Diese Stunden der Erholung bilden eine regelrechte „Gegenzeit" und „Gegenwelt" gegen die Arbeitssphäre, sie tragen die Signatur von Distanz- und Oppositionshaltungen gewissermaßen schon in sich. Und die Vereine sorgen dafür, daß in dieser „Gegenwelt" Kommunikations- und Beziehungsstrukturen über den engen Familien-, Freundes- und Nachbarschaftskreis hinaus aufgebaut werden.

Karl Marx' Prognose künftiger proletarischer Einstellung zu dieser Zeit als dem „Reich der Freiheit" – hier scheint sie bestätigt: Freizeit als „Freiheit" der Erholung, der Beziehungen, der Vergnü-

*Ideen des Kultursozialismus*

gungen. Sie bildet auch die Keimzelle einer eigenen, selbstbestimmten Idee von neuer Humanität: Zeit und Ort auch der *geistigen Bildung*. Einerseits – besonders im Umfeld des sozialdemokratischen Arbeitermilieus – geht es dabei um die „proletarische Wertebildung", also um Praxisformen und Denkmodelle der Alltagssolidarität in Betrieb und Quartier, um Vorstellungen vom gesellschaftlichen Wert der Arbeit, um Selbstbildung und Erziehung, auch um Gegenwerte gegen Obrigkeitsstaat und Untertanenmentalität wie gegen den Nationalismus in seiner spezifisch wilhelminischen Prägung. Andererseits entwickelt sich ein neues intellektuelles Anspruchsniveau in der Beschäftigung mit dem „bürgerlichen Kulturerbe", mit der klassischen Dichtung, Literatur, Kunst, Musik [261: MÜHLBERG/ROSENBERG (Hrsg.), Literatur].

Auch dies wird unter dem Leitmotiv „Wissen ist Macht" vor allem im Rahmen der sozialdemokratischen Arbeiterbildung betrieben und nimmt dort Formen eines eigenen „ästhetischen Ritualismus" an [70: BAUSINGER, Verbürgerlichung, 109]: Theateraufführungen oder Rezitationen von Goethegedichten oder Schillerdramen werden gleichsam als „proletarische Klassik" inszeniert. Sozialismus erscheint hier nachdrücklich auch als Vorstellung einer umfassenden Kulturbewegung im Geiste der Bebelschen Formulierung von einer „harmonischen Ausbildung des Menschen". Wiederum läßt sich dies keineswegs nur als Anpassung an ein bürgerliches Richtmaß verstehen, sondern durchaus konkurrenzhaft interpretieren: die klassische Nationalliteratur etwa als „unser" Schiller und Goethe. Weniger scheint es eine soziale Annäherung, als vielmehr eine Art „kultureller" Reifenachweis – freilich auch der Ausdruck

einer zunehmend gespaltenen Loyalität und Identität zwischen
‚Klasse und Nation'.

## 5. Ungleichzeitiges: Urbanes Leben und ländliche Welt der Jahrhundertwende

So erscheinen die letzten beiden Jahrzehnte des Kaiserreiches
äußerlich als eine Phase der vorläufig getrennten sozialen Stabilisierung von „Industriewelt" und Landwelt". Der „Großstadtmensch"
und der „Provinzler" – das sind keineswegs nur literarische Figu-
ren. In der stilisierten Gegenüberstellung von Hektik und Gemäch-
lichkeit, von Anonymität und Vertrautheit, von Mobilität und Bindung spiegelt sich auch ein realer Kontrast äußerer Lebensbedingungen wie innerer Lebenseinstellungen wider.

### 5.1. Großstadtwelt

Im Mittelpunkt der gesellschaftlichen Aufmerksamkeit steht
die Großstadt mit ihrer kompakten Wirtschaftsmacht und Bevölke-
rungsmasse, mit ihrer Durchmischung der gesellschaftlichen Klassen und Kulturen. Hier konzentrieren sich die Fabriken und die    Urbane Kultur:
Maschinen, hier fließen nach 1900 bald die Autoströme, beginnt die    Fortschrittssilhou-
Elektrifizierung der Straßenbahnen und Straßenbeleuchtung, der    etten und Klassen-
Büros und der Haushalte, kurz: hier entsteht jene *technische Welt,*    profile
die als „Moderne" fasziniert und zugleich erschreckt [110: BOBERG/
FICHTER/GILLEN, Metropole]. Zwar versprechen die glitzernde Fassade der Warenhäuser und die einladende Reklame der Kinos und
Cafés eine neue, fast demokratische Nähe zwischen den städtischen
Gruppen und Kulturen: In die rund 3000 Kinos strömen schon in
den Jahren vor dem Krieg täglich fast 1½ Millionen Besucher aus
allen städtischen Bevölkerungsschichten, in den Tanzlokalen und
Varietés mischen sich unter das bürgerliche Publikum vielfach
kleine Angestellte und auch Arbeiter. Hinter den Schaufenstern dieser „Zerstreuungskultur" jedoch erweist sich die städtische Wirklichkeit als zerrissen, als scharf getrennt in soziale Lager mit kanti-
gen Klassenprofilen. Walter Rathenau formuliert im Blick auf das
Berlin der Jahrhundertwende: „Spreeathen ist tot, und Spreechi-
cago wächst heran."

Gegen diese Tendenz zur sozialen Zerrissenheit wenden sich
die neuen städtebaulichen Programme als gleichsam „klassenver-

söhnende" Geste. Mit ihren Monumentalbauten der neuen Rathäuser und Theater, der Bahnhöfe und Wasserwerke im klassizistischen Gründerstil wollen sie ästhetische Identifikationspunkte und zugleich Repräsentationszeichen einer gemeinsamen *urbanen Kultur* setzen. Eine Großstadtsilhouette wird entworfen, die einerseits die tristen Industrievorstädte und Arbeiterviertel verdecken, andererseits neue Zusammengehörigkeitsgefühle wecken soll. Verkehrsplanung, Kulturangebote und Vergnügungsparks, Mietskasernenbau und Gartenstadtanlagen werden als bewußte räumliche Gestaltungsmittel und kulturelle Modellierungsformen von „Gesellschaft" eingesetzt, um den sozialen Überdruck im großstädtischen Schmelztiegel abzusenken [128: REULECKE, Urbanisierung, 139 ff.].

Dafür scheinen die materiellen Voraussetzungen ausgesprochen günstig. Inzwischen ist die Zahl der industriellen Arbeitsplätze rapide angewachsen, 1907 arbeiten bereits 57 Prozent der gewerblichen Arbeitskräfte in Großbetrieben mit über 50 Beschäftigten, und parallel dazu haben sich die *Reallöhne* seit 1871 nahezu verdoppelt. Gewiß bedeutet das noch keineswegs Wohlstand, da nur eine Minderheit qualifizierter Facharbeitergruppen ein Einkommen erzielen kann, das für den Unterhalt einer Familie ausreicht. Für die Masse der städtischen Haushalte gilt nach wie vor das Prinzip der gemeinsamen familiären Existenzsicherung mit Frauen- und Kinderarbeit, mit dem Austausch von Arbeitsleistungen und Produkten im Rahmen der Heimschneiderei und -näherei, der Gartenwirtschaft und des Wäschewaschens, mit dem Grundsatz des Reparierens und Wiederverwendens. Dennoch hat sich durch die günstige Industriekonjunktur die Einkommens- und Versorgungssituation stabilisiert: Für die ärmsten Bevölkerungsgruppen gibt es zumindest minimale Formen der Unterstützung durch die kommunale und staatliche Sozialpolitik, und für die Arbeiterfamilien mit festem Arbeitsplatz und Lohn sind der Sonntagsspaziergang mit „Restaurations"-Besuch, die Kinokarte, der Eintritt in die städtische Badeanstalt fast schon selbstverständliche Konsum- und Erholungsbedürfnisse.

## 5.2. Provinzleben

Noch wenig ist von solcher Entwicklungsdynamik in den Mittel- und Kleinstädten wie „auf dem flachen Land" zu verspüren. Dort, in Kleinstädten und Dörfern unter 5000 Einwohnern, leben im Jahr 1910 immerhin noch 32 Mio. Menschen, ca. 50 Prozent der Gesamtbevölkerung des Deutschen Reiches. Wenn überhaupt, greift ein Modell *dezentraler* Industrialisierung Platz: Einzelne kleine Fabriken kommen in die Dörfer, die Industriearbeit wird überwiegend von Arbeiterbauern und Pendlern angenommen – ein Phänomen, das ja selbst im Ruhrgebiet weit verbreitet ist.

Standorttreue statt Mobilität um jeden Preis

In geographischer wie beruflicher Hinsicht bedeutet dies eine deutlich gebremste Mobilitätsbereitschaft. Durch die materiellen Sicherungsnetze von ererbtem Haus- und Grundbesitz wie durch die engen sozialen und verwandtschaftlichen Beziehungen und durch die kulturellen Bindungan an Ort und Region wird der Schritt in die industrielle Arbeiterexistenz entweder nur halb oder sehr spät vollzogen. Das gilt besonders für den Süden Deutschlands, für dessen große Kleinbauern-, Taglöhner- und Bauarbeitergruppen, aber auch für die Gruppen der Heuerlinge im Norden. So zieht man nicht den Fabrikarbeitsplätzen in die Städte nach, sondern wartet, bis die Industrie aufs Land, in erreichbare Nähe kommt, um Kleinlandwirtschaft und Industriearbeit verbinden zu können. Rund ein Viertel aller deutschen Arbeiterfamilien betreibt um die Jahrhundertwende noch in nennenswertem Umfang landwirtschaftliche Eigenproduktion. Dazu ermöglicht die Eisenbahn mit der neueingeführten Arbeiterfahrkarte eine begrenzte Form der Mobilität, der ländliche Wohn- und Lebensort kann beibehalten und die städtische Fabrikarbeit dennoch in täglichem Pendeln erreicht werden [57: MOOSER, Arbeiterleben, 167 ff.]: für hunderttausende Familien ein alltäglich gelebtes „Leben in zwei Welten".

Andererseits findet sich in weiten ländlichen Regionen und dort besonders bei den unterbäuerlichen Gruppen in der Landarbeit und der Heimindustrie eine enge Verquickung neuer ökonomischer Abhängigkeiten mit älteren Formen der Fremdausbeutung in der Tradition der Gutswirtschaft und des Verlagssystems. Hinzu kommt jenes unverändert gültige Prinzip familiärer „Selbstausbeutung" durch überlange Arbeitszeiten, unbezahlte Frauen- und Kinderarbeit, Feierabendlandwirtschaft. Nach wie vor kennen die Familien kaum geregelte Freizeit, bleibt ihr Bedürfnishorizont niedrig, wenig offen für materielle und kulturelle Neuerungen wie für politische Anstrengungen zur Verbesserung der eigenen Lage.

Stabilisierend wirkt in den Dörfern vor allem auch die hohe *soziale Endogamie*. Geheiratet wird innerhalb relativ fester sozialer Kreise, so daß sich die wirtschaftlichen und sozialen Unterschiede über Generationen hinweg reproduzieren und die dörfliche „Klassengesellschaft" sich in immer denselben Familiennamen fast naturgesetzhaft erhält [117: KASCHUBA/LIPP, Dörfliches Überleben]. Entsprechend konservativ ist die dörfliche Ordnung: hierarchisch nach Besitz, patriarchalisch in den Familien, autoritär zwischen den Geschlechtern und Generationen.

### 5.3. Landarbeiter- und Gesindeleben

Noch weiter „zurück" liegen Regionen wie Ostelbien, jene „feudale Welt" der *Gutswirtschaft*, wo neue Pachtsysteme oft kaum anders aussehen als die alte Form der Leibeigenschaft: Spann- und Arbeitsdienste für das Gut, die Frauen und Kinder als billige Arbeitskräfte, die „Herrschaft" als Straf- und Sittenrichter. „Es ist, als wenn heute noch ein Hauch des Mittelalters über die pommerschen Flachfelder weht. Ein Adelssitz am andern, Rittergut an Rittergut; Stammschlösser und Tagelöhnerkaten, Herrenmenschen und Heloten", beschreibt der Landarbeiter FRANZ REHBEIN 1911 in seiner Autobiographie seine ostelbische Heimat [17: Landarbeiter].

*Gutswirtschaft als feudales Relikt*

Nicht nur dort bildet besonders das Leben der Knechte und Mägde eine fast archaische „Gesindewelt", die den Augen der damaligen Zeitgenossen weitgehend verborgen bleibt wie eine Art vergessener sozialer Kontinent. Noch bis 1918 sind im Deutschen Reich die alten *Gesindeordnungen* in Kraft, die in halbfeudaler Manier über den Dienst und die Arbeit hinaus das Alltagsleben insgesamt reglementieren: Der gutsherrliche Patriarchalismus weist Mägden und Landarbeitern den Status Unmündiger zu, erzieht sie zur Unterordnung, zur Unfähigkeit zu aktivem sozialem und politischem Handeln [186: SCHARFE, Gesinde].

Trotz aller Wandlungsprozesse in der Gesamtgesellschaft bewahrt sich in dieser ländlichen Lebenswelt noch eine fast totale Hegemonie der bäuerlichen Kultur, die im Blick auf Freizeit, Bildung, Konsum und Politik kaum alternative Lebensstile zur Entfaltung kommen läßt. Auch nach der Jahrhundertwende dominieren noch die traditionellen Muster der regionalen Fest- wie der Eßkultur, der Rhythmus des bäuerlichen Arbeitsjahres und Arbeitstages. Sport und Picknick, Tanzcafé und Kino kennt man nicht, statt dessen spiegeln Taufen und Hochzeiten, Erntefeste und Kirchweih ein intaktes bäuerliches Familien- und Gemeinschaftsleben vor. Mit dem Gewicht der „Tradition" wird sozialmoralisch befestigt, was sich – des kulturellen Charmes des „Volkslebens" einmal entkleidet – vielfach eben als nacktes Herrschaftsinteresse und als konservatives Ordnungs- und Erziehungsmodell entpuppt. Und solche „Überreste der feudalen Welt" finden sich auch in industrienahen Dörfern

*Hegemonie der bäuerlichen Kultur*

West- und Süddeutschlands, in denen die wirklichen Bauernfamilien zahlenmäßig nur mehr eine kleine Minderheit bilden.
Nur mühsam läßt sich erahnen, wie schwer in dieses kulturelle
Urgestein der „Bauernwelt" Breschen zu schlagen sind. Zumal die
soziale Lage der ländlichen Unterschichten in sich sehr heterogen
ist, den Kleinbauern vom Landarbeiter oder vom Gesinde deutliche
soziale Statusunterschiede trennen, auch die Verstreutheit der Arbeitskräfte über die Einzelhöfe und kleinen Dörfer schlechte Voraussetzungen bietet für Erfahrungsaustausch und soziale Lernprozesse. Erst als zwischen 1860 und 1890 die Löhne in der Landwirtschaft steigen und Industriearbeit und Eisenbahnverkehr sich auch
in die „Bauernregionen" ausbreiten, verändert sich die Situation
allmählich. Nun häufen sich die Klagen der Bauern über die „Auf-
müpfigkeit" und die Abwanderungsgelüste des Gesindes und der
Landarbeiter, denen der Weg in die Städte und die Fabriken als
Fluchtweg zu einem Neubeginn erscheinen muß [184: PLAUL, Land-
arbeiter]. Der Soziologe MAX WEBER, damals selbst Zeitbeobachter,
spricht vom „primitiven Idealismus", der antreibt, vom „Zauber
der Freiheit", den diese Menschen am Ziel in den Städten vermu-
ten: die Hoffnung, dort endlich auch menschenwürdig leben zu
können.

# 6. Klassenkulturen: Soziale Lager und sozial-
moralische Milieus der Weimarer Republik

Durch den Weltkrieg haben sich die Erfahrungsräume und die
Erwartungshorizonte aller Klassen und Schichten sicherlich entscheidend verändert. Nach den Jahren im Schützengraben und in
Munitionsfabriken und angesichts der Millionen von Kriegstoten
und -versehrten, von Hunger und Zwangsbewirtschaftung – nach
diesen gemeinsamen Erfahrungen der „Gesellschaft im Krieg", der
alle Lebensbereiche und alle sozialen Gruppen betraf, müssen sich
die Lebenswelten zwangsläufig sehr viel stärker zur Gesellschaft hin
öffnen. Jenes „So nicht weiter!" wird ab 1917/18 wohl zur allgemeinen Einsicht und Forderung – wenngleich die Schlußfolgerungen
sehr verschieden bleiben und keineswegs überall in demokratische
oder gar revolutionäre Vorstellungen münden. Nach dem Novem-
ber 1918 ist nicht zu übersehen, daß bestimmte lebensweltliche
Strukturen weiterhin als *mentale* wie *politische* Stabilisierungsfakto-
ren wirken: das sozial rückwärtsgewandte Statusdenken etwa der

Bauern und Mittelschichten oder auch die bindende Kraft von Kirche und Religion, die ja nicht nur in weiten ländlichen Bereichen für Kontinuität der traditionalen Werte und Weltbilder sorgt.

### 6.1. Politisierung und Radikalisierung

Für alle gesellschaftlichen Gruppen jedoch markiert dieser Schritt aus der Kriegskatastrophe in die Republik eine entscheidende gesellschaftliche *Zäsur*, an der sich die Beziehungen zwischen den Klassen und Kulturen neu bestimmen; die „sozialmoralischen Milieus" (R. M. LEPSIUS) treten nun wesentlich schärfer in Konkurrenz zueinander. Viele jener „naturwüchsigen" Privilegien des Kaiserreichs sind nun nicht mehr durch formale Strukturen wie Wahlrecht oder Bildungspatent gesichert, so daß die sozialen Positionen und die Klassenidentitäten politisch neu bestimmt und kulturell neu abgestützt werden müssen.

*Neubestimmung der Schicht- und Klassenpositionen*

Hinzu kommt, daß wesentliche Antriebskräfte der Industrialisierung an Dynamik verloren haben und daß die geographische und die soziale Mobilität gebremst sind. 1925 lebt bereits rund ein Drittel der deutschen Bevölkerung in Städten mit über 50 000 Einwohnern (auch 1970 liegt der Anteil nur wenig höher); die sozialen Aufsteiger vor allem in Gestalt der Angestellten haben sich als Zwischenschicht etabliert und entwickeln durch die Betonung ihrer nicht-körperlichen Tätigkeit, ihrer besseren Ausbildung und ihres „bürgerlichen" Lebensstils deutlich soziale und symbolische Abgrenzungen gegenüber den Unterschichten; auch die Frauenarbeit, besonders im Bürobereich, ist inzwischen in höherem Maße als formelle Berufstätigkeit organisiert [57: MOOSER, Arbeiterleben, 104 ff.].

Für die andere Seite von Weimar steht die Krisenhaftigkeit von Wirtschaft und Industrie: Massenarbeitslosigkeit und soziale Verteilungskämpfe in neuem Umfang und neuer Qualität. Auch in den stabileren Jahren der Republik bleibt, nicht zuletzt wegen der einsetzenden Rationalisierung, ein hoher Sockel an Arbeitslosigkeit erhalten. Im Blick auf die soziale Lage bedeutet das für große Arbeitergruppen ein Leben im fast ausweglosen Dreieck von Arbeitsamt, Stempelstelle und städtischer Suppenküche, unterbrochen nur durch kurze Phasen der Beschäftigung.

Aus dieser ökonomischen Unsicherheit erklärt sich auch die nochmalige Verfestigung oder sogar Wiederbelebung subsistenzwirtschaftlicher Reproduktionsmodelle. Manche Beobachter spre-

chen von regelrechten *Reagrarisierungstendenzen,* und wenngleich
die Formulierung überzogen wirkt, bleibt die Kontinuität halbbäuerlicher Strukturen dennoch erstaunlich: 1925 betreiben 32 Prozent
der Arbeiter- und Angestelltenfamilien noch oder wieder Kleinlandwirtschaft, in Württemberg und Hessen sogar über 40 und in manchen norddeutschen Regionen über 50 Prozent. Ihnen erscheint das
traditionelle „private" Krisenmanagement mit Formen der Gartenwirtschaft und Selbstversorgung offensichtlich noch unabdingbar
[57: MOOSER, Arbeiterleben, 170ff.].

Große Gruppen von Produzenten allerdings nehmen diese un-
sicheren sozioökonomischen Rahmenbedingungen nicht mehr ein-
fach hin. Die vielzitierte Formel von der „Radikalisierung" der Ar-    Verschärfung der
beiter meint vor allem die Veränderung von deren gesellschaftlichen     sozialen Vertei-
*Erwartungshorizonten*: Forderungen nach Verbesserung der Lohn-         lungskämpfe
und Arbeitsbedingungen, nach demokratischeren Strukturen auch
in den Betrieben, nach aktiver Sozialpolitik, nach „sozialer Demokratie" insgesamt bezeichnen kein teleologisches Fernziel mehr,
sondern werden als Tageslosungen verstanden – zu verwirklichen
nach der gescheiterten Novemberrevolution 1918 entweder auf dem
reformerischen Weg der SPD oder auf dem revolutionären der
KPD.

In Weimar sind gesellschaftliches Leben und politisches Verhalten in einer so engen und offenen Form ineinander verquickt wie
nie zuvor in der deutschen Geschichte. Für große Gruppen schließt
das Alltagsleben nun die Einnahme einer politischen Position und
die politische Artikulation als Teil ihres eigenen Selbstverständnis-
ses mit ein. Sich an Demonstrationen und Versammlungen, an Ge-
werkschafts- und Parteiarbeit zu beteiligen, wird zu einem Stück
Normalität; bei der Wahl der Stammkneipe oder von Freundschaf-
ten spielt der Gesichtspunkt der „Gesinnung" eine sehr viel größere
Rolle als vorher. Und die Wirkungen ziehen sich bis in die stets so
sorgfältig abgeschirmte Arbeitssphäre: Durch das Tarifvertragswe-
sen und das Betriebsrätegesetz werden die Betriebe nach 1919 zu
einem offeneren Konfliktfeld. – Alles in allem markieren diese
Nachkriegsjahre eine neue Stufe im Prozeß der *Politisierung* von
Alltagskultur.

## 6.2. *Privates Leben: Wandlungen und Kontraste*

Im familiären Leben zeigt sich besonders im städtischen Raum
zugleich ein deutlicher Zug zur *Privatheit,* zu mehr Häuslichkeit,

Gepflegtheit und Wohnkultur. Neue Konsummuster spielen dabei eine Rolle, auch eine entsprechende Förderung und Lenkung neuer Vorstellungen von Familie durch die staatliche Sozialpolitik, etwa über Hygieneberatung oder über Wohnungsbauprogramme. Durch die starke Bautätigkeit – im sozialen Wohnungsbau entstehen von 1924 bis 1929 rund 2,5 Millionen neue Wohneinheiten – mildern sich Wohnungsnot und Wohnenge ein wenig. Es ist zumindest das Ende der „halboffenen" Arbeiterfamilie mit Untermietern und Schlafgängern, denn der Trend geht zur Zweizimmerwohnung und zur Kleinfamilie mit nicht mehr vier, wie noch vor dem Krieg, sondern nur mehr ein bis zwei Kindern. So bleiben mehr Mittel für bescheidene Einrichtungswünsche, für Essen und Freizeitunterhaltung. In besser bezahlten Arbeiterschichten wird nun besonderer Wert auf warme Mahlzeiten gelegt, und die Leibwäsche bereits nach ein bis zwei Tagen gewechselt [156: SIEDER, Familie, 192 f.].

Trotz technischer Rationalisierung im Haushalt, trotz Fertiggerichten und Suppenwürfeln, trotz der Nähmaschinen und der neuen chemischen Waschmittel auf Seife-Soda-Basis beansprucht dieser größere Aufwand für die familiäre Versorgung wie die nun wöchentliche „große Wäsche" immer mehr Hausarbeitszeit. Für die Frauen jedenfalls erweist sich der gepriesene Fortschritt in der Haushaltstechnik – soweit überhaupt erschwinglich – eher als Bumerang [167: HAUSEN, Wäsche]. Und für viele alleinlebende Arbeiter und Arbeiterinnen gilt immer noch ein Hausen in Schlafstellen, bei billigem, hastigem Essen in den neuen Schnellgaststätten, mit der abendlichen Flucht aus der Enge der Wohnung in die Stehkneipe.

Was im Vergleich zur Gesellschaft des Kaiserreichs auffällt, ist die nochmalige Vergrößerung des Freizeitraumes und die Etablierung neuer *Freizeitwerte*. Durch Verkürzungen der Arbeitszeit in Richtung auf den Achtstundentag und durch die Verlängerung des Wochenendes um den freien Samstagnachmittag werden Erholung und Vergnügen zum alltäglichen Bedürfnis, zum regelmäßigen Abend- und Wochenendprogramm: der Besuch von Rummelplätzen und Sportgroßveranstaltungen oder von Leseklubs und öffentlichen Bibliotheken. Ein neues Schwergewicht bildet dabei das Bedürfnis nach Natur und Erholung, Freizeit wird nun auch räumlich als „Gegenwelt" zu Fabrik und Großstadthinterhof entworfen. Das Verlangen nach mehr „Licht und Luft" drückt sich in Fahrradausflügen und im Laubenkolonie-Leben aus, im Picknick und in den Sonntagen an den Seen oder in den Schwimmbädern. Bald gibt es

die Wandergruppen der „Naturfreunde" und auch Vorformen eines
Arbeiterurlaubs mit den ersten organisierten Reisen in die Berge
oder an Seen [266: REULECKE, Arbeiterurlaub].

Ganz eindeutig prägt in diesen Jahren die „junge Generation"
den Rhythmus und Stil des Alltagslebens. Dafür sind nicht zuletzt
*demographische* Entwicklungen verantwortlich: Die Geburtsjahr-
gänge um 1905, also die jetzt 20- bis 25jährigen, bilden die zahlenmäßig stärkste Alters- bzw. Jugendkohorte, die es je in Deutschland
gab. Und für sie verspricht besonders die Stadt neue jugendliche
„Lebensqualität", sei es im Bereich von Liebe und Sexualität außerhalb des Kontrollbereichs von Eltern und Dorföffentlichkeit, sei es
im Hinblick auf eigenes und selbstverwaltetes Einkommen oder unter dem Aspekt von Bildung und Ausbildung. Gerade im Falle des
*Bildungssystems* läßt sich in mancher Hinsicht durchaus von einer
Demokratisierung sprechen angesichts der Tatsache, daß die Gym-
nasialbildung an Exklusivität verliert, daß das Volksschulsystem or-
ganisatorisch wie pädagogisch verbessert und auch die Berufsschul-
pflicht in den Jahren zwischen 1919 und 1923 systematisch durchge-
setzt wird. Es ist ein kleines Mehr an Berufs- und Wissenschancen
auch für die Kinder der „ungebildeten" Schichten – allerdings eben
fast nur in der Stadt.

### 6.3. Die „goldenen Zwanziger"?

Solche Unterschiede in der Zwischenkriegsgesellschaft werden
gern übersehen, wenn von „den goldenen Zwanzigern" die Rede ist
und von deren „modernem Zeitgeist". Natürlich dominieren nun
die Symbole des *kulturellen* und *technischen Wandels:* Fahrrad und
Nähmaschine, Telefon und elektrische Haushaltsgeräte werden etwas alltäglich Vertrautes, Gewohntes – auch wenn man sie noch
nicht selbst besitzt. In den großen Kaufhäusern läßt sich solcher
Fortschritt zumindest bestaunen und anfassen, und die Werbung
bringt ihn näher. Waschmittel und Benzin, Kosmetik und Konser-
ven werden in Zeitungen, an Litfaßsäulen, in Filmen angepriesen
und damit neue, kollektive Bedürfnismuster geschaffen.

Technik verändert
den Alltag

Beispielhaft dafür ist der Siegeszug der Zigarette, die nun das
bedächtige Pfeifenrauchen ablöst und zum Symbol wird für moderne, rasche Genußbedürfnisse in einem hektisch-nervösen Alltag.
Dazu passen die Tanzlokale und die Cafés, der Bubikopf und das
Samtkleid statt der Zöpfe und Mieder des „deutschen Gretchens"
vor dem Kriege, die amerikanischen Swing- und Steptänze und der
Lippenstift. In Konsum- und Modeströmungen wie dem „Amerika-

nismus" erreicht das Zusammenspiel von Massenwerbung, Massenkonsum und Massenbedürfnissen wirklich industrielle Dimension
[219: SANDGRUBER, Genüsse], und es erreicht zumindest ausschnitthaft auch das Dienstmädchen und die junge, noch ledige Fabrikarbeiterin.

Es sind also durchaus auch Momente einer alltagskulturellen
*Demokratisierung,* die sich in dieser Kommerzialisierung der Ge-
nuß- und Erholungsbedürfnisse ausdrücken, im „neuen Rhythmus
des geistig-sinnlichen Lebens", wie der Kultursoziologe GEORG

Lockerung der Ge-   SIMMEL einmal formuliert. Auffällig auch, wie sich dabei dezente
schlechterrollen?   Ansätze zur Aufweichung der traditionellen *Geschlechterrollen* abzeichnen: männliche Silhouetten in der Damenmode, die Möglich-
keit zum „unbemannten" Lokal- und Straßenbummel, auch offenere Beziehungsformen. Freilich gilt diese Lockerung wohl mehr im
Blick auf diese großstädtische Beziehungs- und Freizeitkultur als
auf die Realitäten des Arbeitsmarktes oder der Bildungspolitik [139:
FREVERT, Frauen-Geschichte, 163 ff.].

Fast alles, was sich so an Symptomen des kulturellen Wandels
Moderner Medien-   nennen läßt, entsteht in direkter Verbindung mit den *neuen Medien.*
konsum   Ab 1928/29 beginnt sich der Tonfilm durchzusetzen mit der UFA
an der Spitze und einer vorwiegend auf leichte Unterhaltung ausge-
richteten Produktion. Begleitet wird dies vom Siegeszug des Gram-
mophons und der Schallplatte, von der trotz hoher Preise im Jahr
1930 bereits 30 Mio. Exemplare verkauft werden. Da sie bald überall in Lokalen und auf Festen zu hören ist, prägt sie auch zunehmend das Repertoire der populären Unterhaltungsmusik. Vor allem
entwickelt sich ab 1924 der Rundfunk zum wirklichen Massenme-
dium, das nur vier Jahre später bereits in rund 2 Mio. Haushalten
präsent ist. Nimmt man noch den riesigen Pressemarkt der 3700
deutschen Tageszeitungen und der zahlreichen Illustrierten hinzu,
so existiert jetzt ein dichter Medienverbund, der als großer „Kom-
munikator" die gesellschaftliche Alltagskultur widerspiegelt, ihre
Strömungen vereinheitlicht und verbreitet und sie damit zugleich
lenkt [31: HERMAND/TROMMLER, Kultur].

Ohne diese mediale Vermittlung könnte auch das Freizeitmuster *Sport* nicht so rasch den Charakter eines wirklichen Massenphä-
nomens annehmen: Jene Hunderttausende, die nun wöchentlich
turnen oder schwimmen, und jene Millionen, die beim Boxen und
Radrennen, bei Fußball und Autorennen ihre Sonntagnachmittage
verbringen, sie entdecken die Attraktivität des Sports auch dadurch,
daß dieser von den Medien nun attraktiv „gemacht" wird.

## 6.4. „Proletkult", „Kultursozialismus" und „Massenkultur"

Das ist die goldene Seite der zwanziger Jahre, die mode- und konsumorientierte Szenerie vor allem einer neuen städtischen Angestelltenkultur, an die jedoch auch viele Arbeiterinnen und Arbeiter mehr oder weniger eng angeschlossen sind. Andererseits tritt besonders in den Großstädten als Antithese zum „bürgerlichen Konsumismus" eine junge, „links" eingefärbte *Arbeiterkulturbewegung* auf, die den Arbeiteralltag im Sinne einer proletarischen „Klassenkultur" konzipieren, ihm zwischen Sport und Theater, zwischen Erholung und Bildung schärfere politische Konturen verleihen will. In ihrem Zentrum steht die politisch-ästhetische Strömung des „Proletkult", in der sich Intellektuelle und Arbeiter besonders aus dem Umfeld der KPD sammeln und ihre Losung „Kunst ist Waffe" in neuen Formen des Straßentheaters, des Kabaretts, der Literatur wie der Plakatkunst erproben [275: Wem gehört die Welt].

Spaltung von Arbeiterbewegung und Kulturbewegung

Darin drückt sich ein neuer, „radikaler" Zug auch in der Arbeiterkulturbewegung aus, die sich ansonsten freilich mehr in ihren traditionellen Formen weiterentwickelt und verbreitert hat. Von den Konsumgenossenschaften als materiellen Hilfseinrichtungen für ihre rund 3 Millionen Mitglieder wie als Kommunikationsorten der Arbeiterinnen und Arbeiterfrauen eröffnet sich über die Arbeiterjugendbewegung ein weites Spektrum bis zu den Großverbänden der Arbeiterkultur- und -sportvereine. Immerhin umfaßt der Arbeiter-Turn- und -Sportbund über eine halbe Million Mitglieder in 7000 Vereinen, die Arbeitersänger zählen fast 300 000 Mitglieder, die Frauenausschüsse wie die Arbeiter-Radfahrer jeweils rund 200 000, hinzu kommen noch vielfältige andere Organisationen besonders der sozialistischen Bildungsarbeit.

In dieser Idee und Bewegung des „Kultursozialismus" der 1920er und 1930er Jahre werden nun schärfer als im Kaiserreich emanzipatorische Vorstellungen formuliert über die zukünftige Beziehung von Mensch und Arbeit, über das Verhältnis von Körper und Gesundheit, über die Demokratisierung von Wissen und Bildung. Unter dem großen alten Leitmotiv der „Solidarität" entstehen neue Ideen und Formen einer Kunst und Kultur „für alle". In gewisser Weise läßt sich die sozialistische Festkultur dafür als ein Modell begreifen, das nicht nur Gegenentwurf zu bürgerlich-nationalen Repräsentationsformen sein, sondern mit seinen Massenchören und -szenen, mit seiner Mischung aus Spiel und Pathos, aus Politik, Kunst und Sport bereits Szenarien einer Welt der „Klassensolidarität" und eines „Lebens von morgen" entwerfen will [293: PETZINA (Hrsg.), Fahnen].

Mit dem Beginn der *Wirtschaftskrise* ab 1928 wird dann allerdings eher ein „Leben von gestern" wieder Wirklichkeit: die Konfrontation mit alten, überwunden geglaubten Noterfahrungen. Die Arbeitslosenquote schnellt 1930 auf über 22 und 1932 bereits auf über 44 Prozent hoch. Wer aus dem ohnehin dünnen Netz der Sozialhilfe „ausgesteuert" wird, für den bedeutet die Erwerbslosigkeit nicht nur materielle Not, sondern mehr noch soziale und psychische Deprivation, eine schleichende Auflösung der sozialen Identität. In den Wohnverhältnissen, Familienformen und Gruppenkulturen einer Lebenswelt, die ganz auf die Arbeit und eine entsprechende familiäre Zeit- und Rollenorganisation ausgerichtet ist, kann Arbeitslosigkeit die Wohnenge zur Tortur, die Familie zum Ballast, die Kollegen zu Konkurrenten werden lassen. Da auch die staatlichen Gegenmaßnahmen mehr als Verdrängungs- denn als Problemlösungskonzepte wirken, werden die sozialen Konflikte schärfer, offener ausgetragen: Sie münden in Kämpfe zwischen „Staatsmacht" und „Arbeitermacht" um Demonstrationsfreiheit und um „die Straße".

Wirtschaftliche Krise: Kultur als Kompensationsmittel      Trotz – oder auch: wegen – dieser Verschärfung der Massenarbeitslosigkeit und dieser Verhärtung der politischen Fronten blüht die Unterhaltungskultur in Varieté und Kino unbekümmert weiter, es werden neue Modelle einer klassenversöhnenden Gemeinschaftskultur sogar verstärkt propagiert. Kommerzielle „Zerstreuung" dient ebenso wie ein renoviertes Brauch- und Festwesen als probates *Kompensationsmittel* gesellschaftlichen Krisenbewußtseins: Heimatfeste und Brauchtumspflege feiern Urständ, zu Ostern und Weihnachten wird in den Zeitungsbeilagen trautes Familienleben vorinszeniert; und die von Familienpolitikern wie Floristenverbänden gemeinsam betriebene Durchsetzung des Muttertages ist ein gutes Beispiel dafür, wie sich emotionelle Bedürfnisse und kommerzielle Interessen medial geschickt steuern und in Modelle von „Massenkultur" umsetzen lassen [142: HAUSEN, Muttertag].

In diesen Jahren der Zwischenkriegszeit mit ihren schnellen Wechseln von wirtschaftlicher Krise und Stabilisierung werden viele sozialpolitischen Hoffnungen und Bildungswünsche, Freizeit- und Konsumbedürfnisse neu geweckt – die dann angesichts von Inflation und Arbeitslosigkeit wiederum rasch aus dem sozialen Bedürfnishorizont verbannt sein sollen. Dieser Widerspruch zwischen den vielfältigen materiellen und kulturellen Versprechungen der

„neuen Gesellschaft" und deren schmerzlicher Versagung, wie sie
dann in der Krisenwirklichkeit ab 1928 gefordert wird – er erscheint
so kraß wie nie zuvor in der deutschen Geschichte.

## 7. Nationalsozialistische Volksgemeinschaft: Zerstörung der Alltagskultur

„Volksgemeinschaft" statt „Klassengesellschaft" – diese zentrale Programmzeile des Nationalsozialismus macht deutlich,
worum es nach 1933 geht: um die systematische Zerschlagung historisch gewachsener Gesellschaftsformationen, sozialer Milieus und
kultureller Traditionen. Am radikalsten werden jüdisches Leben
und jüdische Kultur vernichtet, die keineswegs nur deutsches Gei-
stesleben und Bürgermilieu wesentlich mitgeprägt haben, sondern
die gesellschaftliche Alltagskultur insgesamt: das Geschäftsleben
wie die Sprache, die Eßkultur wie den Witz [19: RICHARZ, Jüdisches
Leben].

Nun ist mit der „Volksgemeinschaft" ein normatives Modell
von Gesellschaft und Kultur entworfen, welches die gewachsenen
Systeme der Alltagserfahrung und Alltagskultur gewaltsam verein- *Gleichschaltung
heitlichen soll. Dafür werden Leitwerte vorgegeben, deren Vorzei- der Alltagskulturen*
chen die Ideen sozialen Fortschritts geradezu umkehren, ihre historische Sinngebung pervertieren. Ob man an die Germanisierung der
deutschen Geschichte, an das völkische Frauenbild oder an die
Gleichschaltung der Massenmedien denkt – statt Traditionen werden Mythen gepflegt, statt Emanzipation wird Unmündigkeit propagiert, statt Modernisierung wird Manipulation betrieben. Vorrangig richtet sich dieses Programm gegen die klassenförmige Erfah-
rungs- und Lebensorganisation des proletarischen Milieus, das sich
den völkischen Parolen und pränazistischen Ideen vor 1933 weithin
verschloß. Seine Alltagsstrukturen, seine besonderen Kommunikationsformen und Wertordnungen, vor allem seine politische Kultur
der Arbeiterparteien und Gewerkschaften samt dem breiten Umfeld
der Vereine und Hilfsorganisationen sollen aufgebrochen und zer-
brochen werden.

Durch eine kalkulierte Mischung aus *Terror* und *Demagogie* gelingt es dem Nationalsozialismus auch in kurzer Zeit, entscheidende
proletarische Traditionslinien zu zerstören: Arbeiterpolitik und organisierte Arbeiterkultur verschwinden mit ihren Aktivisten aus der
Öffentlichkeit in die Gefängnisse und Konzentrationslager; statt im

Milieu und auf der Straße wird die neue Arbeiterjugendgeneration in Hitlerjugend und Reichsarbeitsdienst „staatlich" sozialisiert. Zwangsläufig lösen sich damit kollektive Erfahrungshorizonte und Werthaltungen der Arbeiteridentität insgesamt auf, weil dadurch die lebensweltlichen Zusammenhänge im Milieu wie zwischen Eltern- und Kindergeneration auseinanderbrechen.

## 7.1. Umdeutungen und Umformungen

In dieselbe Richtung wirkt auch die „völkische" Umdeutung der *sozialistischen Symboltraditionen.* Zahllose Begriffe, Lieder, Feier- und Festformen der Arbeiterkultur werden „braun" eingefärbt.

Strategie der Des- Und zweifellos irritieren und desorientieren derartige Schach-
orientierung züge der neuen Machthaber, die etwa mit der Parole von der „Ehre der Arbeit" oder mit der Legalisierung des oppositionellen Arbeiter-Mai zum feiertäglichen „Tag der nationalen Arbeit" proletarische Traditionen und Selbstverständnisse gerade dadurch „entwaffnen", daß sie diese zu respektieren und überhöhend zu bewahren scheinen. Neben offen terroristischen Zwangsmaßnahmen wie dem Verbot der Arbeiterparteien und der freien Gewerkschaften, an deren Stelle die DAF, die Deutsche Arbeitsfront, gesetzt wird, operieren die Nationalsozialisten insofern auch mit durchaus geschickten Beschwichtigungsmaßnahmen, durch die manche Selbstwertgefühle im Arbeiterbewußtsein scheinbar neu bestätigt und die damit verbundenen affektiven Besetzungen umgelenkt werden. Als Resultat jedenfalls dieser Doppelstrategie ist das gesamte politisch-soziale Gefüge der *Arbeiterkultur* bald entweder zerstört und aus der Öffentlichkeit abgedrängt oder umgebaut zur hohlen Kulisse „völkischer Arbeitskultur und Werkgemeinschaft".

Hinzu kommt eine Reihe rasch in Gang gesetzter Maßnahmen im Bereich der Arbeitsmarkt- und Sozialpolitik wie die Arbeitsdienstpflicht, die Arbeitsbeschaffung oder die staatliche Lohnfestsetzung, deren Zwangscharakter und deren äußerst begrenzter sozialer Entlastungseffekt nach der Weimarer Krisenerfahrung kaum mehr kritisch hinterfragt werden können. Daß sich nun überhaupt etwas „bewegt", läßt viele Fragen nach politischen Vorzeichen und Folgen vergessen, so daß die sozialpolitische Fassadenkosmetik und ihre kalkulierten populistischen Effekte über weite Strecken offenbar durchaus wirksam sind [295: PEUKERT/REULECKE (Hrsg.), Die Reihen].

Denn eine grundsätzliche Verbesserung der *materiellen* Situa-

tion läßt sich für das Gros der Arbeiterfamilien kaum feststellen.
Zwar wird die Arbeitslosenquote allmählich gesenkt, jedoch nicht     Wirtschaftspoliti-
dank einer konsequenten Politik der Vollbeschäftigung, sondern       sche Maßnahmen
überwiegend durch „künstliche" Entlastungsmaßnahmen: anfangs         des NS
durch die Eingliederung der Arbeitslosen in den Reichsarbeitsdienst, dann durch den verstärkten Einzug der Männer zur Wehr-
macht. In kurzer Zeit werden so mehrere Millionen männlicher Arbeitskräfte einfach „vom Markt" genommen, ohne deshalb in Dau-
erarbeitsverhältnisse integriert zu sein. Auch beim Lohnniveau ist
gegenüber den Krisenjahren 1931/32 keine Steigerung festzustellen,
im Gegenteil ein Absinken bis 1937/38 um rund 7 Prozent. Dazu
verstärkt sich die Lohndiskriminierung der Frauen weiter, zusätzlich ideologisch gestützt durch den Kampf gegen das „Doppelver-
dienertum" und durch das Argument der „natürlichen Berufung"
der Frau zu häuslicher Tätigkeit statt beruflicher Arbeit.

In anderen Sektoren zeigen sich indes reale Verbesserungen:
Der Wohnungsbau wird in den Jahren 1934 bis 1937 forciert, um
die nazistische Familienideologie und die Forderung nach größeren
Kinderzahlen mit praktischen Argumenten zu unterstützen. Im
Nahrungsmittelkonsum scheint sich eine Verbesserung der Ernährungssituation anzudeuten: Gegenüber der Vorkriegszeit werden in
den Jahren bis 1938 weniger Getreideprodukte, Kartoffeln und Gemüse verzehrt, dafür mehr Obst, Fleisch und Milchprodukte. Die
ländliche Infrastruktur wird in verkehrs- wie versorgungsstrategi-
scher Hinsicht ausgebaut. Auch die Kleidung scheint trotz aller Pro-
paganda für „Deutschheit und Schlichtheit" in Dirndl und Tracht
unverändert modeorientiert, die Benutzung von Lippenstift,
Schminke und Parfum bleibt für die jungen Frauen nach wie vor
mehr ein finanzielles als ein weltanschauliches Problem.

## 7.2. „Blut und Boden"

Insoweit erscheint die Bilanz also zwiespältig: einerseits Distanzen zum „Neuen Staat", andererseits eine doch unübersehbare
Massenwirksamkeit, ein Einsickern der nationalsozialistischen Politik auch in die Arbeitermilieus. Ähnliche Wirkungen zeigen sich bei
den ländlichen Sozialgruppen: Angesichts der ideologisch-propa-
gandistischen *Aufwertung* der ländlichen Lebenswelt und ihrer Traditionen, der bäuerlichen Arbeit und der Familie kann man von einer regelrechten „Verführung des Dorfes" sprechen, die offenbar
im protestantischen bäuerlichen Milieu und bei arbeiterbäuerlichen

Gruppen besonders leicht gelingt. Es ist eine „Verführung", bei der vor allem auch manche undemokratischen Traditionen und Mentalitäten Beifall finden – etwa der Hang zu sozialer Kontrolle, zu bäuerlich-hierarchischem Statusdenken, zu moralischem Rigorismus.

Im Dorf wird besonders deutlich, wie unauffällig das braune Virus in soziales Gewebe einzudringen, sich an vorhandene Strukturen und Traditionen anzulagern vermag – namentlich im Bereich der dörflichen Politik und der Fest- und Brauchformen. Um die lokale Brauchtumspflege wie den Erntedank als nationalen „Tag des deutschen Bauern" wird eine Welle der Dorffolklore mit Festumzügen, Dorfnachmittagen und dem gemeinschaftlichen Anhören von Rundfunkübertragungen inszeniert. Und Einrichtungen wie die Ortsbauernschaft, der Reichsnährstand, das „Landjahr" für Jugendliche und das Reichserbhofgesetz – so gering ihr praktischer Nutzen ist – dienen eben auch der psychologischen Aufwertung und ideologischen Aufrüstung einer sich mit der Industrialisierung zunehmend randständig fühlenden „Bauernschaft".

Hier finden sich also genügend hierarchische und konservative Lebensweltstrukturen vor, die der Nationalsozialismus nicht zerschlagen, sondern nur neu organisieren und für seine spezifischen Zwecke instrumentalisieren muß. Und dies gelingt ihm vor allem dort, wo sich die traditionellen dörflichen Ordnungsfaktoren Familie, Kirche und Religion zurückdrängen lassen. Als Hebel dazu dienen die Kindererziehung und die Schule, die Entkonfessionalisierung und die Auflösung familiärer Religionspraxis durch den Einfluß der NS-Jugendorganisationen [117: KASCHUBA/LIPP, Dörfliches Überleben, 232–259].

Eine ähnliche Strategie der „Verführung" kennzeichnet die nationalsozialistische *Frauen-* und *Familienpolitik,* in der jener vehement geführte Diskurs der Weimarer Jahre über Geschlechterrollen und Gleichberechtigung unter der Parole vom „Schutz der Frau" und einer Arbeitsmarktpolitik gegen Frauenarbeit und Frauenberufe erstickt wird. Dabei eilt die Ideologie der Realität weit voraus: Nach kurzem Rückgang liegt die Frauenerwerbsquote 1939 mit 36 Prozent wieder ebenso hoch wie im Jahr 1925, rein zahlenmäßig sind nun sogar eine Million Frauen mehr berufstätig. Und je näher der Krieg kommt, desto stärker wird die weibliche Arbeitskraft in die industriell-militärische Produktion eingebunden. An der ideologischen Front jedoch stehen die Signale ganz eindeutig auf „Mütterlichkeit" und „Häuslichkeit": „Mütterschulkurse", das „Mutterkreuz" oder Organisationen wie der „Reichsmütterdienst" und

*Marginalien:*
Dorfkultur: Nicht zerschlagen, sondern instrumentalisieren

Frauenpolitik: Zurück zu Haus und Herd

„Mutter und Kind" wirken in entsprechender Richtung. Hier
scheint die Frau in der Tat auf die Gebärfunktion, die Familie auf
eine völkische Aufzuchtanstalt reduziert [139: FREVERT, Frauen-Geschichte, 200 ff.].

### 7.3. Erziehungsapparat „Jugend"

Am wirksamsten funktioniert dieses Prinzip der „Verführung"
wohl im Bereich der Jugendpolitik. Über die Hitlerjugend und den
Bund Deutscher Mädel wird ein staatlich organisiertes und gelenk-
tes Einheitssystem der *Jugendkultur* geschaffen, das allmählich die
alten milieugebundenen, schichtspezifischen Formen jugendlicher
Gruppenbildung und -identität ablöst. „Kindheit" und „Jugend"
sind in noch nie dagewesener Weise von gemeinsamen Werthori-
zonten und von den gleichen Freizeitformen von der Lektüre bis zu
den Spielen bestimmt. Nimmt man noch das „Landjahr", das viele
Schulabgänger absolvieren, und den Reichsarbeitsdienst als „Bin-
demittel" für die traditionell unruhigste und innovativste Alters-
gruppe der älteren Jugendlichen und der jungen Ledigen hinzu, so
erscheint die nazistische Kontrolle der „Jugendwelt" total.

„Totale" Erfassung der Jugend

Vieles mag dabei kaum als Zwang erlebt werden, eher als ein
verführerisches Angebot neuer Freizeit- und „Freiräume" außerhalb der elterlichen und schulischen Aufsicht, als ein Versprechen
von Autonomie, von „jugendeigenen" Spiel- und Gemeinschaftsformen, von „dichten" emotionalen Gruppenerlebnissen auf Fahr-
ten und Heimabenden. Hinzu kommt ein breites Angebot von Bil-
dungsmöglichkeiten und Freizeitformen, das auch „Statuszuwachs"
verspricht [156: SIEDER, Familie, 229]. Die geschickt aufgebaute
doppelte Loyalitätspflicht gegenüber Führer und Volk bewirkt eine
neue Qualität jugendlicher Selbstdisziplinierung und Konformität:
Rebellion gegen Eltern und Lehrer ist überflüssig, Jugend „emanzi-
piert" sich, indem sie sich selbst in die Pflicht der Volksgemeinschaft nimmt. Und diese bietet in der Tat Neues, Attraktives an:
Den Umgang mit Technik erleben manche Jugendliche auf den Mo-
torrädern der SA-Radstaffeln und in den HJ-Radiokursen; Wesent-
liches über Berufswahl und Arbeitswelt erfahren sie, die den freien
Arbeitsmarkt und gewerkschaftliche Praxis nie kennengelernt haben, in den HJ- und Arbeitsdienst-Schulungsabenden; das erste
Tonfilmerlebnis vermittelt ihnen der Jugendfilmdienst mit Leni Rie-
fenstahls Reichsparteitags- und Olympiafilmen; die „Außenwelt"
lernen sie auf HJ-Wanderfahrten und bei Arbeitsdiensteinsätzen

kennen. Nur wenige können sich dem entziehen [294: PEUKERT, Edelweißpiraten].

Dieses Moment wirkt entscheidend auch im Blick auf die Gesamtgesellschaft: die *Normierung*, die Besetzung der Alltagskultur und ihrer Kommunikations- und Gesellungsformen durch eingepflanzte nationalsozialistische Verhaltensmuster und Bedeutungen, durch eine „braune" Konfektionskultur. Unter Mithilfe der modernen Medientechnik von Presse, Rundfunk und Film stülpt sich über die Gesellschaft eine NS-Alltagskultur, deren Normen, Rituale und Symbole auch das letzte Dorf erreichen. Vom Führergeburtstag bis zum Tag der Arbeit, vom Eintopfsonntag bis zum Tag der Bewegung verdrängen künstliche Gemeinschaftsformen systematisch die gewachsenen Traditionen, wird der Alltag überhöht in einer Festkultur, die auch eine gefühlsmäßige Identifikation ermöglicht durch vorgespiegelte Identität: Die eigene Bedeutung scheint sich aus der nationalen Größe zu ergeben, dort scheint sie begründet [40: MOSSE, Alltag].

### 7.4. Reaktionäre „Modernisierung"

Wie schwer es ist, sich diesem Sog von Zwang und Verführung und dieser affektiven Inszenierung „völkischer Gemeinschaft" zu entziehen, belegen zeitgenössische Stimmungsberichte aus allen Gesellschaftsbereichen: Selbst ehemalige Aktivisten der Arbeiterbewegung heben bald automatisch den Arm zum Hitlergruß. Mehr als nur ein Symbol der Resignation zeigt dies, wie schwierig Distanzierung und Opposition als Dauerhaltungen werden. WALTER BENJAMINS Bild von den Massen, die der Faschismus zu ihrem Ausdruck (aber beileibe nicht zu ihrem Recht) kommen läßt – es trifft den Kern der ideologischen und sozialpsychologischen Desorientierung in den „Mitläufer"-Gruppen.

Geschickt werden vor allem neue Formen organisierter *Erholung* und *Freizeitkultur* entwickelt. Institutionen wie das „Amt Reisen, Wandern, Urlaub", das „Amt für Volkswohlfahrt" oder vor allem die Massenorganisation „Kraft durch Freude" bieten mit ihren Ferienlagern, Schiffsreisen und Erholungsheimen bereits Vorahnungen eines künftigen Massentourismus; gemeinsamer Rundfunkempfang in festen Hörergruppen schafft neue Unterhaltungsformen und erhöht unauffällig die ideologische Aufnahmebereitschaft; die lokale Kulturpflege in den Musik- und Brauchtumsvereinen wird systematisch gefördert. Auch Film und Kino zeigen nach einer kurzen

Phase linientreu-langweiliger Produktionen nicht nur „harte" Propagandafilme, sondern bieten bewußt „weiche", ablenkende Unterhaltung in Gestalt von Musik- und Spielfilmen, in denen die Stars keineswegs auf biedervölkische Rollen festgelegt sind.

Noch wird vielfach übersehen, daß der Nationalsozialismus neben seiner grobschlächtigen Folklorisierung und Musealisierung bäuerlicher Kultur durchaus auch sehr effektive Formen einer gesellschaftlichen und kulturellen *Modernisierung* anwendet. Die zunehmende Technik und Motorisierung im Alltag, der Einsatz neuer Medien und Formen der Unterhaltungsindustrie, „Volksempfänger" und die Idee des „Volkswagens", die Lichtdome und Lautsprecherbatterien der Massenkundgebungen: Vieles was bereits in den Weimarer Jahren technisch und kulturell entwickelt worden ist, wird nun übernommen und – versehen mit dem braunen Signet – als Errungenschaft des Systems gefeiert. Entscheidend ist, daß beides – die Blut-und-Boden-Folklore wie die Medien-Moderne – hineinwirkt bis in das „innere" gesellschaftliche Gefüge, daß es dort zu alltagskulturellen Mustern und zu lebensweltlichen Strukturen gerinnt.

Kulturelle „Modernisierung"

# 8. Mittelstandsgesellschaft: Freizeitkultur, Konsum und neuer Arbeiter

Nach 1945 findet sich eine Gesellschaft wieder, in der fast nichts und niemand mehr an „seinem Platz" steht: zerbombte Großstadtquartiere und Betriebe, Millionen Weltkriegstote als generative „Lücken", auseinandergerissene Familien und Nachbarschaften, Flüchtlingsströme aus den Ostgebieten, dazu die Deformationen der sozialen Beziehungen und Milieus aus der „Volksgemeinschaft". Sozialkulturell gesprochen fehlt vor allem jenes Beziehungs- und Bindungsgeflecht, jene einfache soziale Grammatik des Alltags, die als „Normalität" Verstehen und Selbstverständnis schafft, in der sich letztlich *soziale Identität* konstituiert.

Gesellschaft ohne Identität

Wie sich die gesellschaftliche Rekonstruktion in Westdeutschland vollzieht, wie jener fast nahtlose Übergang stattfindet von der Hunger- und Aufbauphase in die Zeit des „Kalten Krieges" und der Wohlstandsgesellschaft, wie die Ruinen beseitigt, die gesellschaftlichen Schäden und kulturellen Deformationen jedoch gleichsam „versiegelt" und „überbaut" werden – das läßt sich über weite Strecken mehr beschreiben als plausibel erklären. Jedenfalls wird

die Vergangenheit tabuiert, sie dient nicht als Erfahrungskapital
eines gesellschaftlichen Neuanfangs, sondern wird in einer neuen
Untertanenmentalität den alliierten Siegern zur Bewältigung überlassen – samt einem Entnazifizierungsprogramm, das letztlich mehr
wie eine kollektive symbolische Reinigung denn wie eine Bestra-
fung der „Täter" und eine historische Bilanz wirkt.

### 8.1. Sozialer Neuaufbau?

Das ist für den (Wieder-)Aufbau der westdeutschen Nachkriegsgesellschaft und Kultur entscheidend und schafft auch eine
unüberbrückbare Kluft zur parallel entstehenden DDR-Gesell-
schaft: die ausschließliche Bezugnahme auf Gegenwart und Zukunft, das Hier und Jetzt als ein systematisches *Vergessen* der Vergangenheit. Für das gesellschaftliche Selbstverständnis bedeutet
dies: Unsicherheit der Leitwerte, Fixierung auf äußerliche Identi-
tätsmerkmale, Leistung und Luxus als materielle Kompensations-
formen. Zugleich vollzieht sich die Restauration mancher wirtschaftlichen und sozialen Machtstrukturen, die sich „naturwüchsig"
wiederherstellen, weil auch die zaghaft begonnene Diskussion um
neue, frei gewählte Wirtschafts- und Gesellschaftsformen sofort im
Aufbaufieber und im Antikommunismus erstickt.

Dabei liest sich die materielle Bilanz beeindruckend: Zwar erreicht die Reallohnentwicklung erst 1950 ungefähr wieder das Niveau von 1939, dann jedoch „explodiert" sie, verdoppelt sich bis
1963. Damit verändern sich die Konsum- und Lebensstile großer
Bevölkerungsgruppen in den 15 Jahren nach 1948 qualitativ wie
quantitativ wohl stärker als in den 50, 60 Jahren zuvor. In den
1960er Jahren setzt sich mit der 40-Stunden- und 5-Tage-Woche
eine Neugewichtung des Arbeits-Freizeit-Verhältnisses durch und
ist zugleich Vollbeschäftigung erreicht. Hier findet – bei aller Problematik solcher Indikatoren – tatsächlich ein „Wirtschaftswunder"
statt.

Nachhaltig verändert zeigen sich auch die sozialstrukturelle
Gliederung und die Gruppenformationen der Arbeiterschaft. Nationalsozialismus und Nachkriegsjahre haben die historische Kontinuität von Lebensstil, Kulturpraxis und Arbeiterpolitik gebrochen
und das soziale Selbstverständnis großer Arbeitergruppen gleichsam umgebaut: Die Betriebsbelegschaften, die Wohnquartiere, die
gewerkschaftlichen und politischen Organisationen sind neu „zu-
sammengewürfelt", haben die Homogenität „proletarischer Milieus" verloren.

Erhalten bleibt hingegen die Basis „struktureller" Ungleichheit. Zahlenmäßig erreicht die Industriearbeiterschaft der Bundesrepublik im Jahr 1960 mit 13,5 Mio. ihren höchsten Stand, denn von den 4,7 Millionen Flüchtlingen unmittelbar nach Kriegsende und den weiteren 1,8 Millionen aus der DDR allein bis 1961 wurde die große Mehrheit in die Arbeiterschaft eingereiht: 1960 waren immerhin fast 40 Prozent aller Beschäftigten „Flüchtlinge". Danach setzt bis 1977 ein Rückgang der Arbeiterzahl auf 11 Millionen ein – bei den deutschen Arbeitern sogar von 13,1 auf 9,4 Millionen. Dennoch sind in den 1970er Jahren über 50 Prozent der männlichen Erwerbstätigen noch nominell als Arbeiter beschäftigt.

So bleibt die *soziale Mobilität* im unteren Teil des Gesellschaftsspektrums sehr bescheiden: Noch in den 1970er Jahren rekrutiert sich die Industriearbeiterschaft zu rund zwei Dritteln aus Mitgliedern von Arbeiterfamilien, folgt also dem alten Prinzip der *Selbstrekrutierung* noch in einer Quote, wie sie schon ein Jahrhundert lang galt. Gestützt wird dieser Befund durch Untersuchungen zur konnubialen Mobilität, also zum schichtspezifischen Heiratsverhalten: 1971 sind zwei Drittel der Arbeiter mit Arbeitertöchtern verheiratet. Auch da herrscht noch soziale Endogamie, geheiratet wird innerhalb geschlossener, sozial homogener Verkehrskreise [57: MOOSER, Arbeiterleben, 106f.].

Trotz „Neuanfang" wenig soziale Mobilität

Bei den Frauen liegt die Erwerbstätigkeit 1977 mit insgesamt 10 Millionen Berufstätigen bei einer Quote von 31 – in Weimar waren es 30 –, in Arbeiterfamilien sogar bei 50 Prozent. Nun ist die Hälfte der Angestellten weiblich, freilich zu zwei Dritteln in die unteren Lohngruppen eingestuft, die im Blick auf Einkommen und Sozialprestige eher dem Arbeiterstatus entsprechen. Ausgeblendet aus der Tarif- und Sozialpolitik bleibt die „verdeckte" Frauenarbeit in Haus- und Landwirtschaft [139: FREVERT, Frauen-Geschichte, 253ff.].

Im Bereich der Arbeiterschaft finden berufliche Mobilität und sozialer Aufstieg also nur in sehr begrenztem Maße statt. Zwar hat die Bildungspolitik besonders der 1960er und 1970er Jahre die Bildungs- und damit Aufstiegschancen der Schichten ohne höhere Bildungstradition zweifellos etwas verbessert, von 1950 bis 1971 ging die Quote der ungelernten Arbeitskräfte von einem Drittel auf ein Viertel zurück. Gleicher Bildungszugang und „Chancengleichheit" indessen sind damit nirgendwo erreicht, der quotenmäßige Abstand zwischen Arbeiterschaft und Angestellten- oder Beamtengruppen im Blick auf Abitur und Studium hat sich nie entscheidend verringert. Und auch im Hinblick auf das Verhältnis von Bildung/Ausbildung und *Geschlecht* kann von einer Parität nirgendwo die Rede sein.

Schließlich hat sich auch der traditionelle Zusammenhang von Standort und Infrastruktur erhalten. Dem ländlichen Raum sind – relativ gesehen – fast all jene materiellen, sozialen und kulturellen Benachteiligungen geblieben, die ihn während des gesamten Industrialisierungsprozesses begleiteten. Von 1949 bis 1973 müssen 700 000 Kleinbauern ihre Selbständigkeit aufgeben, sie verstärken großenteils das Heer der „mobilen" städtischen Industriependler. So bildet die bäuerliche Wirtschafts- und Sozialformation in den meisten Dörfern inzwischen nur mehr eine Randerscheinung, denn zumindest berufsstatistisch gesehen ist das „Dorf ohne Bauern" vielfach längst Realität. Strukturell präsentiert es sich meist als ländliche Arbeiter- und Angestelltensiedlung mit drei, vier Bauernhöfen, wobei manche Muster der traditionellen Lebensweise und Kultur allerdings noch allgemein gültig scheinen: bestimmte Formen der Selbstversorgung, des Wohnens, der Verwandtschaftshilfe, des Hausbaus – auch Formen von Dorfpolitik, sozialer Kontrolle und dörflichem Konformitätsdruck, wie wir sie aus dem 19. Jahrhundert kennen [168: HEINZE, Arbeiter-Bauern].

Kulturell gesehen, wirken viele Dörfer ohnedies noch weitaus „bäuerlicher", als sie es ihrer Wirtschafts- und Sozialstruktur nach sind. Offensichtlich beruht die besondere Stabilität der Sozialformation „Dorf" in hohem Maße auf dieser *kulturellen* Homogenität und Kontinuität, auf diesem „Überhang" bäuerlicher Kultur, der damit eben auch Ausdruck einer spezifischen Strategie sozial-kulturellen Überlebens ist: Nicht trennende Berufe, sondern Nachbarschaftsbeziehungen, Vereinsleben und verbindende familiäre wie dörfliche Horizonte prägen die Lebensorientierung des einzelnen.

Andererseits scheinen sich ländliches und städtisches bzw. nicht-industrielles und industrielles Arbeitermilieu dadurch wiederum ähnlicher geworden, daß die Trennung von Leben und Arbeiten und die Auflösung von geschlossenen Milieus und „Lokalwelten" beiderseits Wirkungen zeigt. Neue Medien, neue Freizeitformen, gemeinsame „Moden" der Jugendkultur verschleifen manche Unterschiede. Und ein verbindendes Element bleibt auch der enge Nexus von Arbeit und Identität, der wohl noch als zentraler *biographischer* Zusammenhang erfahren wird: Selbstverortung und Selbstwertgefühle entwickeln sich gerade in den nicht-bürgerlichen Schichten weiterhin über Arbeit, Leistung, Körperkraft oder Ge-

*Ende des bäuerlichen Dorfes?*

schicklichkeit, über die Anerkennung „ordentlicher Arbeit" durch die soziale Umgebung.

Ein ausgeprägtes *Berufsbewußtsein* zeigt sich gerade bei Arbeitern noch sehr deutlich, wenngleich die Selbstbezeichnung „Arbeiter" insgesamt an Positionswert verliert, wenn Facharbeitern die euphemistische Formulierung vom „Mitarbeiter" offenbar viel attraktiver scheint. So erklärt sich bei Befragungen der zunächst erstaunlich hoch anmutende Grad von Arbeitszufriedenheit auch bei industriellen Bandarbeitern/innen wohl nicht zuletzt als ein Reflex gesellschaftlich habitualisierter Leistungsnormen: Kritik an Arbeitsbedingungen und an der Arbeit selbst könnte als „Schwäche" erscheinen [173: KERN/SCHUMANN, Industriearbeit, 209]. Zugleich schimmert jene alte „Identität durch Arbeit" noch hindurch, neu aktualisiert durch die Ideologie der Nachkriegs-Leistungsgesellschaft.

Diese Tendenz zum sozialen „Leistungsnachweis" korrespondiert eng mit einer Entwicklung von Konsum- und Lebensstilen, wie sie in der Ausgabenstruktur von Arbeiterhaushalten statistisch dokumentiert ist. Während sich bis Anfang der 1960er Jahre die Quote der Ausgaben für Nahrungs- und Genußmittel immer etwa bei 50 Prozent des Budgets bewegte, sinkt sie nun ab auf etwa ein Drittel. Die freiwerdenden Mittel werden vor allem für Haushalts- und Anschaffungsgüter aufgewendet, also für Wohnungsausstattung, Freizeitgestaltung und *Prestigesymbole*. Pointiert gesagt, werden die 1960er Jahre so durch den „konsumorientierten" Erwerb von Auto, Fernseher, Kühlschrank und Nähmaschine symbolisiert, während die 1970er Jahre diesbezüglich mehr als materielle Konsolidierungsphase erscheinen: Über zwei Drittel der Arbeiter sind nun Autobesitzer, zwischen 40 und 50 Prozent Wohnungs- oder Hauseigentümer, ein Sparguthaben gehört wie Reisen und Urlaub für viele bereits zu den festen Grundbedürfnissen [57: MOOSER, Arbeiterleben, 80 ff.].

*Leistung und Konsum statt Klassenidentität?*

Im Unterschied zu den (klein-)bürgerlichen Schichten nehmen diese Symbole materiellen Wohlstands jedoch nicht Bezug auf Familien- und Bildungstraditionen, auf Statussicherheit und Besitzerrechte. Vielmehr dienen sie offensichtlich eher als Nachweis von materieller Leistungsfähigkeit und von kultureller Lernfähigkeit: Das Auto, der Möbelstandard, die Reiseandenken, die Alkoholbestände in der „Hausbar" – all das signalisiert den Wunsch nach gesellschaftlicher *Anerkennung* und das Bedürfnis, auch den Maßstäben bürgerlicher Kultur zu genügen, ohne deshalb gleich ihren Wertekanon voll und ganz zu übernehmen.

Wie dünn freilich die sozialen Sicherungsnetze gespannt sind und wie berechtigt jenes alte kollektive Trauma der Arbeitslosigkeit erscheinen muß, das in den Arbeiterfamilien virulent bleibt, zeigen die Wirtschaftskrisen der späten 1970er Jahre: Jener Kreislauf von Branchenkrisen, Betriebsschließungen, Arbeitslosigkeit betrifft wieder besonders die Gruppen der Ungelernten und der älteren Arbeiter und Arbeiterinnen, und er bedroht die anderen zumindest wieder als jenes alte Gespenst existentieller *Unsicherheit*. Insofern hat es weniger mit „Konservativität" als mit Fortschrittsskepsis zu tun, wenn vielfach alte „private" Überlebenskonzepte beibehalten werden: statt totaler Mobilität in Richtung Industrie eher Standort-Treue, verwandtschaftliche Netzwerke und Pendlerexistenz. 1970 sind nicht weniger als 7,4 Millionen Erwerbstätige oder 28 Prozent aller Beschäftigten Pendler, die meisten vom ländlichen Wohnort hin zum städtischen Arbeitsplatz.

Eine ähnliche Neigung zu historisch gewachsenen, auf Kontinuität bauenden Verhaltensmustern zeigt sich auch im Beziehungs- und *Freizeitbereich*. Bestimmte Beziehungs- und Gruppenfiguren, deren Grundmuster ins 19. Jahrhundert zurückreichen, prägen als lebensweltliche Modelle das öffentliche wie das private Alltagsleben von Arbeiterfamilien noch heute: etwa der Stammtisch als Fortsetzung der männertypischen Wirtshausgeselligkeit mit Kollegen und Nachbarn; Verwandtschaftsbeziehungen als Geselligkeitsform wie als materielles und psychisches Hilfssystem, also eine gegenseitige Unterstützung und Arbeitshilfe als „Tauschprinzip" über Generationen hinweg; die häufig immer noch „halböffentliche", selten bürgerlich „intime" Form des Privatlebens zwischen Küche und Wohnzimmer, mit Freunden und Nachbarn; die Jugendgruppen in ihren kleinen Freiräumen zwischen Arbeits- und Ausbildungsstätten, Straße und Wohnung.

Da scheinen Grundmuster der Generationen- wie der Geschlechterbeziehung lebendig, die sich deutlich absetzen von bürgerlichen Verhaltensnormen und -standards, wenngleich Übernahmen und Anpassungen an allgemeine gesellschaftliche Kulturstile besonders im Freizeitbereich unübersehbar sind.

**Ende der Klassen-gesellschaft?** Deshalb auch die These von der „Freizeitgesellschaft", von neuen Gruppenstrukturen und Kulturmustern, die im Freizeitbereich *klassen-* und *schichtübergreifend* wirken und die alten sozial differenzierten Kulturstile mehr oder weniger außer Kraft setzen [82: GREVERUS, Kultur]. Gewiß, gruppenbiografisch geschlossene Arbeits- und Lebenszusammenhänge treten seltener auf, die „Soziallagen" werden auch von den Arbeitergruppen selbst eher als in sich differenzierte Positionen wahrgenommen. Dominant scheinen die „künstlichen", schichtübergreifenden Strukturen lebensweltlicher Orientierung: der Sport, die Mode, die „Einheitskultur" der Medien und der Werbung, dazu das weiter gewachsene Spektrum der Sport-, Hobby- und Kulturvereine.

Doch mag diese Fassade moderner Freizeitkultur auch trügerisch sein: Beim Blick hinter ihre Kulissen zeigen sich im *lebensweltlichen* Bereich von sozialen Leitwerten und individuellen Lebensentwürfen, von familiären Bindungs- und von Geselligkeitsformen, von Sprachstilen und ästhetischen Mustern doch wieder jene schichtspezifischen *Referenzsysteme*, in denen sich große Gruppen der handarbeitenden, lohnabhängigen Bevölkerung wiederfinden, in denen sie sich auch gegenseitig identifizieren. Es sind kollektive Werthaltungen und Praxisformen, kulturelle „Klassenstile" wenn man so will, deren Prägekraft im Alltag unübersehbar genug ist, um unseren „Abschied von der Klassengesellschaft" vielleicht doch – und nicht zum ersten Mal – noch etwas aufschieben zu müssen.

# II. Grundprobleme und Tendenzen der Forschung

## 1. Die „unterbürgerlichen Schichten": Klassenbildungsprozesse des 19. Jahrhunderts

Der deskriptive Begriff „unterbürgerlich" verweist auf eine doppelte Schwierigkeit: Einerseits läßt sich für die nichtbürgerlichen und nichtbäuerlichen Schichten kaum eine gemeinsame, übergreifende Bezeichnung finden, die als *sozialstrukturell* wie *sozialformativ* wirklich schlüssige Kategorie gelten könnte. Um 1800 sind es wohl rund 60 Prozent der deutschen Bevölkerung, die nicht den bürgerlich und bäuerlich situierten Gruppen zuzurechnen sind und ein ständig in Bewegung begriffenes Schicht- und Klassengefüge bilden. Andererseits muß die historische Perspektive eine entsprechende *zeitliche* Länge besitzen, um den sozialen Formations- und Positionsveränderungen im Übergang zweier geschichtlicher Großepochen Rechnung zu tragen: Es geht um jenes „lange" 19. Jahrhundert, in dem sich z.T. noch feudalgesellschaftliche Strukturen in einem mühevollen Prozeß der Neuorganisation von Produktions- und Herrschaftsverhältnissen, von Sozialbeziehungen und Kulturstilen in die bürgerliche Klassengesellschaft auf industriekapitalistischer Grundlage verwandeln.

*Probleme der Begriffs- und Kategorienbildung*

Während das „einfache Volk" des 18. Jahrhunderts trotz aller ständischen Unterschiede noch vergleichsweise homogen erschien im Blick auf materielle Lebensumstände und kulturelle Praxis wie im sozialen Gegensatz zu den gesellschaftlichen Eliten, brechen nun die wirtschaftlichen und sozialen Schubkräfte frühindustrieller Klassenbildung doch vehement in die sozialen Kleinmilieus ein und verändern deren kulturelle Ordnungssysteme. Auf dieser lebensweltlichen Ebene existierte bis dahin kein wirklich übergreifendes Lage- und Schichtbewußtsein. Denn der Feudalismus hatte mit seinen lokalen Herrschaftsformen und seinem Zwang zur Immobilität zu keiner Zeit die Formierung sozialer Großgruppen und entsprechend weit gespannter Erfahrungshorizonte zugelassen. Das ändert sich nun in dem Maße, wie durch die in Bewegung kommenden gesellschaftlichen Beziehungen die soziale Stellung und die soziale Ungleichheit subjektiv bewußter werden, wie die Wahrnehmung und die demonstrative Selbstdarstellung als „untere Schichten" kollektive Gestalt annehmen. So kann die „Entfaltung marktbedingter sozialer Klassen" als „Richtungskriterium der Modernisierung" wohl auch im Sinne eines schärferen Bewußtwerdens von *sozialen Klassenlagen* verstanden werden [64: WEHLER (Hrsg.), Klassen, 23].

Insgesamt vermag der Begriff „unterbürgerliche" oder „Unterschichten" daher nur als ein Hilfs- und Sammelbegriff zu dienen, der eher eine Definition ex negativo anbietet durch den Verweis auf gemeinsame Lagemerkmale sozialer Ungleichheit, auf fehlende Besitz- und Bildungsqualifikation, auf politische und rechtliche Unterprivilegierung. Als Charakterisierung gemeinsamer Ausgangspositionen in der Frühindustrialisierung dient so eine mehr strukturelle als begriffliche Definition des Unterschichtenstatus: keine vollbäuerliche oder gewerblich-selbständige Existenz („Nahrung"), die Notwendigkeit von Zusatzeinkünften aus Lohnarbeit oder Hausindustrie und die mindest zeitweilige Abhängigkeit von Unterstützungen aus kommunalen Einrichtungen wie Stiftungen und Armenkassen. Hinzu kommen die eigenen Formen der demographischen und sozialen „Selbstreproduktion" (MOOSER), also jene Eigengesetzlichkeit des Hineingeborenwerdens und Sich-Verheiratens in diesen Gruppen.

*„Unterbürgerliche Schichten": Strukturelle Definition*

Je nach Zeit und Schicht ergeben sich dabei natürlich erhebliche Abgrenzungsprobleme, besonders im Bereich von kleinem Handwerk und Kleinbauernschaft. KOCKA spricht sich etwa dafür aus, die Handwerksgesellen wegen ihres besonderen sozialen Organisationsgrades und Erwartungshorizontes als eine Sondergruppe „zwischen Unter- und Mittelschicht" zu begreifen [53: Klassenbildung, 39]. In ähnlicher Weise kann man danach fragen, welcher Kleinbauer nach der Grundentlastung endgültig zu den landbesitzenden Taglöhnern oder noch zur bäuerlichen Schicht zu rechnen ist. Bei den Arbeitern mag die Orientierung an den zeitgenössischen Begrifflichkeiten und ihrem Bedeutungswandel hilfreich sein. Etwa von den 1830er Jahren an wird aus dem unspezifischen „Arbeiter", der in Formeln wie der von den „handarbeitenden Klassen" bis dahin auch selbständige kleine Handwerker einschließen kann, allmählich eine präzisere Bezeichnung für die unselbständigen, lohnabhängigen, industrienahen Arbeitskräfte, also für die Fabrikarbeiter sowie für einen Teil der „lebenslänglichen" Handwerksgesellen, für die Erdarbeiter, die städtischen Taglöhner und die ländlichen

Heimarbeiter [53: KOCKA, Klassenbildung, 73 ff.; s. auch den Band
Die Arbeiterschaft im 19. und 20. Jahrhundert (EdG)].

### 1.1. Agrargesellschaft und Protoindustrialisierung

Auch diese vielfältigen Unschärfen und Verwerfungen im Klassenbildungsprozeß tragen mit dazu bei, daß die Bezugsgröße
„Volk" als Fremd- wie als Selbstbezeichnung unterschichtiger Existenz lange Zeit virulent bleibt. Allerdings differenziert sich dieses
Selbstverständnis als „Volk" zwischen den einzelnen Gruppen sehr
deutlich. Als sich das Feudalsystem lockert, das die dörflichen
Gruppen durch den Gegensatz zur adeligen Grundherrschaft in gewissem Ausmaß einte, treten im ländlichen Bereich nun die Interessengegensätze zwischen Bauern und Dorfarmut stärker in den Vordergrund [114: DIPPER, Bauernbefreiung; 116: HARNISCH, Agrarreform]. Und im städtischen Raum fügen sich die Erfahrungen der
„freien" Arbeiterexistenz um die Fabriken nicht mehr in jenes paternalistische System vorindustriellen Handwerker- und Handarbeiterlebens ein.

In den letzten Jahren hat die Forschung nachdrücklich darauf
aufmerksam gemacht, daß es entscheidende Veränderungen in der
Formation der Unterschichten bereits vor der Industrialisierung
gab. Mit den demographischen Entwicklungen des 18. Jahrhunderts
und mit der Ausweitung kleingewerblich-häuslicher Textilproduktion besonders in ländlichen Regionen entstanden frühe kapitalistische Verwertungsbedingungen von Arbeit, wie sie sich typisch in
den *protoindustriellen* Leineweberkolonien zeigen [54: KRIEDTE/
MEDICK/SCHLUMBOHM, Industrialisierung]. Fortschreitend wurde international die Produktion mechanisiert und industrialisiert, so daß
die Textilpreise ständig sanken. Damit mußte die familiäre Heimarbeit extensiviert werden; die Arbeitszeit wurde also verlängert und
alle verfügbare Arbeitskraft von Männern, Frauen und Kindern
einbezogen. So verschoben sich die Gewichte unaufhaltsam von
einem gemischten subsistenzwirtschaftlich-gewerblichen zu einem
hausindustriellen Reproduktionssystem, das auf der ökonomischen
Fremdausbeutung durch das Handelskapital fußte wie auf der physischen „Selbstausbeutung" der Familie.

Zugleich veränderten sich die familiären Lebensformen durch
den engeren Bezug zu Geld und Markt: Durch neue Formen der Arbeitsteilung und neue Konsummuster im Bereich von Nahrung,
Kleidung und Genußmitteln kam es zum Bruch mit alten Grundsät

*Protoindustrielles Arbeits- und Marktsystem*

zen bäuerlicher Arbeit und Haushaltung. So vollzog sich in diesen
Marktbezügen ein wesentlicher erster Schritt heraus aus der wirtschaftlich wie mental eher isolativen „peasant society", aus der vorindustriellen bäuerlichen Welt [132: WUNDER, Gemeinde, 80ff.]. Allerdings folgt auf den ersten Schritt in die vorindustrielle gewerbliche Produktion dann im 19.Jahrhundert keineswegs mechanisch
der zweite, der Übergang in die industrielle Produktionssphäre.
Vielmehr verharren große Gruppen von Webern lange Zeit in diesem Zwischenstatus des – zumindest äußerlich – „freien" kleinen
Warenproduzenten [49: DITT, Bielefeld, 120f.] oder des Parzellen-
bauern mit „Nebengewerbe" [187: SCHLUMBOHM, Rhythmus, 280].

## 1.2. Rekrutierung der Industriearbeiterschaft

Einzelstudien haben gezeigt, daß die erste Generation von Fabrikarbeitern sich ganz überwiegend aus dem Bereich der städtischen Handarbeit rekrutiert, aus den Reihen der Gesellen, der Taglöhner und der kleinen Handwerksmeister [65: ZWAHR, Konstituierung, 99ff.]. Daraus formen sich erste Belegschaftskerne, zu denen
dann niedriger qualifizierte protoindustrielle und ländliche Arbeitskräfte stoßen, im Leitsektor Textilindustrie ein hoher Anteil von
Frauen und Kindern. Die nach Zahl und Qualifikation wichtigste
Gruppe für die Rekrutierung bilden die Handwerksgesellen, die
teils aus den großen „übersetzten" Textil- und Holzhandwerken
kommen und ohne Aussicht auf eigene Meisterstellen sind, teils als
Gesellen-Arbeiter bereits zwischen Handwerk und temporärer Fabrikarbeit hin- und herpendeln [60: SCHÄFER, Industriearbeiter; 286:
KASCHUBA, Gesellen-Arbeiter; 35: LENGER, Sozialgeschichte, 58ff.].

*Die erste Arbeiter-generation: Kern-gruppen und Re-krutierungsfelder*

Andere Gruppen werden mehr als *Durchgangsformation* betrachtet. So entsteht von den 1830er Jahren an um den Eisenbahn-
bau ein „national" wachsender Arbeitsmarkt für Holz- und Metall-
handwerker wie für ungelernte Erdarbeiter und Taglöhner, der 1846
bereits 178000 Menschen beschäftigt [32: HUSUNG, Protest, 163ff.].
Zahllose Konflikte um Arbeitszeiten und Löhne, um Versorgungs-
probleme und Polizeiordnungen kennzeichnen diese unruhige Arbeitswelt, in der bereits Grundelemente industrieller Lohnarbeits-
verhältnisse installiert sind: die großen Arbeiterzahlen, die Arbeits-
teiligkeit und -ordnung, die Leistungsentlohnung nach Akkord. Für
einen Teil dieser Arbeitskräfte ist das nur eine kurze Zwischensta-
tion auf dem Weg in die Fabriken, in eine feste Industriearbeiterexistenz.

Eine ähnliche Übergangsgruppe verkörpern die Dienstboten, also die Dienstmädchen, Hausknechte, Ammen und Kutscher; daß ihre Zahl im mittleren 19.

Jahrhundert stark zunimmt, wird vor allem mit den „Aristokratisierungstrends" und den Bedürfnissen nach Repräsentation im mittleren und gehobenen Bürgertum erklärt [58: PIERENKEMPER, Dienstbotenfrage]. In München machen die Dienstboten im Jahr 1828 fast 14 Prozent der Bevölkerung aus, in Hamburg knapp 12 – junge Frauen und Männer vor allem aus bäuerlichen Familien. Für sie und ihre Familienangehörigen bildet dieser „Dienst" einen ersten Brückenschlag vom Dorf in die Stadt, und von da aus folgt dann häufig der Schritt in die Fabrik [198: WIERLING, Dienstmädchen, 235 ff.]. Im Jahr 1882, bevor sich dieser Arbeitsmarkt im Zuge der Hochindustrialisierung auflöst, sind immerhin 1,3 Millionen Menschen als Hauspersonal tätig, drei Viertel davon Frauen [179: MÜLLER, Dienstbare Geister, 29 ff.].

Trotz solcher Richtungsangaben bleibt das Problem der Rekrutierung der Arbeiterschaft für das gesamte 19. Jahrhundert in vieler Hinsicht noch ein Desiderat der Forschung – besonders was die *Motive der Mobilität* und die *innere Dynamik* angeht. Inwieweit dabei „in letzter Instanz" ökonomische Faktoren steuern oder ob gerade hier jener kleine Entscheidungsspielraum bleibt, in dem die Produzenten selbst ihre Bewegungen begrenzt mitlenken können, gilt jedenfalls noch als offen [60: SCHÄFER, Industriearbeiter]. Daß die letztgenannte Vermutung noch genauer zu überprüfen sein wird, unterstreichen die sehr unterschiedlichen historischen Reaktionsweisen: Einerseits „verweigern" vor allem ländliche Arbeitergruppen lange Zeit die Fabrikarbeit, andererseits wirken der Bargeldlohn und die damit verbundenen Konsummöglichkeiten etwa für Knechte und Mägde wiederum besonders attraktiv [117: KASCHUBA/LIPP, Dörfliches Überleben, 205–231; 49: DITT, Bielefeld, 114 ff.].

Das Problem der subjektiven Entscheidungsspielräume

### 1.3. Konstituierung als Klasse

Wirklich trennscharfe Klassenprofile lassen sich in die Rekrutierungsprozesse des gesamten 19. Jahrhunderts schwer einzeichnen. Immerhin sind einzelne Aspekte der Herausbildung lokaler Arbeiterschaften in einer Reihe von Fallstudien zur Industrialisierung dokumentiert, etwa am Beispiel Bielefelds [49: DITT], Bochums [48: CREW] oder Esslingens [61: SCHOMERUS, Maschinenfabrik].

Am überzeugendsten jedoch wurde die „Konstituierung" der Arbeiterklasse als komplexer sozialkultureller und politischer Vor-

gang von ZWAHR dargestellt. Seine wesentlichen Resultate aus der
Untersuchung der Entstehungsgeschichte des *Leipziger* Proletariats:
Zum einen tragen die Arbeitergruppen „zunächst wie die Klassen-
verhältnisse insgesamt Übergangscharakter", ihr Verhalten zeigt
also noch deutlich ältere „Herkunftsprofile" und zugleich bereits ty-
pische Klassenzüge; zweitens steht die Klassenbildung in direktem
Zusammenhang mit der sozialen Selbstrekrutierung, also mit der
Entstehung eines „geborenen" Proletariats; drittens bilden die hohe
Mobilität und die breitgestreute territoriale Herkunft der regionalen
Arbeitergruppen ein konstitutives Motiv für die Herausbildung
neuer „stabiler proletarischer Gemeinschaftsbeziehungen" [65:
Konstituierung, 323 f.]. Dabei unterstreicht ZWAHR nachdrücklich
die Bedeutung dieser Beziehungskonfigurationen der Kollegen- und
Nachbarschaftsgruppen, vor allem aber der familiären Netzwerke,
wie sie sich etwa über die Patenwahl für die Kinder herstellen. Sie
bilden dann quasi die freundschaftlich bindenden Knoten in den
sozialen Verflechtungen zwischen den Arbeitergruppen und den
Kleinmilieus [163–189].

   Erstmals werden hier allgemeine Bedingungen der Klassenformation im Sinne der „Homogenisierung von sozialen Lagen" [57:
MOOSER, Arbeiterleben, 26] als Erfahrungsprozeß rekonstruiert und
konkret sichtbar gemacht. Daraus ergeben sich auch Hinweise auf
das *regionale* Gesicht der Klassenbildung in Deutschland, insbesondere auf ihre kulturellen Erscheinungsformen.

   In den letzten Jahren ist die Forschung stärker darauf aufmerksam geworden, wie bedeutsam diese regionalen Besonderheiten gerade auch für die Fragen nach den Rekrutierungsprozessen, den
Dispositionen und Mentalitäten der Lohnarbeiter sind [42: POLLARD
(Hrsg.), Region]. MOOSER sieht das regionale Wirkungsprinzip auch
im räumlich-sozialen „Nebeneinander von Klassenfragmenten"
ausgedrückt, in jenen vielfältigen Varianten der Arbeiterexistenz,
die mehr strukturell als sozialformativ „zusammengehalten wurden
durch das grundlegende Faktum der Lohnarbeit" [57: Arbeiterleben, 160]. Denn unterhalb der Ebene allgemeiner Klassenmerkmale
sind latente lebensweltliche Verschiedenartigkeiten der sozial-regio-
nalen Arbeitermilieus unübersehbar, geprägt von je eigenen wirtschaftlichen, sozialen, religiösen und landschaftlich gebundenen
Traditionen, deren Orientierungskraft ihr besonderes Gewicht behält.

   Auf dieser Ebene von regionaler Prägung und gruppenspezifi-
scher Mentalität wirken damit Elemente eines historisch begründe-

ten „Eigen-Sinns", mit dem die Menschen an älteren sozialkulturellen Überlebensstrategien festhalten: an Prinzipien der Orts- und
Gruppenbindung, an Nahrungsgewohnheiten, an berufsständischen
Werten, an Familien- und Festformen, an religiösen Traditionen.
Diese bleiben im Entstehungsprozeß der „Klassenbedingungen"
(KARL MARX) rudimenthaft erhalten als Bezugspunkte einer sozial-
regionalen Identität, als sichernde Anker vor dem Abtreiben in
fremden kulturellen Strömungen; BRAUN hat diese Rückorientie-
rung in seiner Untersuchung der Industrialisierung im Zürcher
Oberland als Charakteristikum deutlich herausgearbeitet [111: Sozialer Wandel].

Neue Aufschlüsse über diese „subjektive" Seite der Eingewöhnung in industrielle Arbeits- und Lebensverhältnisse können *all-*
*tags-* und *erfahrungsgeschichtliche* Forschungsansätze liefern, da solche Lernprozesse letztlich erst in lebensweltlicher und biographischer Perspektive sichtbar gemacht werden können [52: HAUMANN
(Hrsg.), Arbeiteralltag]. Zu rekonstruieren ist der empirische, der
„innere" Aufbau einer neuen klassenförmigen Alltagskultur, wobei
Kultur hier im Sinne der schon klassischen Formulierung von RAY-
MOND WILLIAMS „eine ganze Lebensweise" meint. AGNES HELLER
spricht diesbezüglich vom Grundbereich „individueller Reproduktion", der sich auf drei Objektivationsebenen konstituiere: auf der
Ebene der materiellen Kultur und der Dingwelt, in den Sitten und
Verkehrsformen und im Medium der Kommunikation und der
Sprache [84: Alltagsleben, 193]. Damit sind Alltagsstrukturen wohl
kategorial benannt, die theoretische und systematische Fundierung
einer historischen Alltagsperspektive indessen hat erst begonnen
[107: WEHLER, Alltagsgeschichte; 94: LÜDTKE (Hrsg.), Alltagsge-
schichte]. In der westdeutschen Geschichtsforschung ist eine vor-
sichtige Hinwendung zu dieser Betrachtungsweise unverkennbar,
wenn auch vielfach noch umstritten [91: LANGEWIESCHE, Politik,
359 ff.]. Und auch für die Geschichtswissenschaft der DDR stellte
DEHNE unlängst programmatisch fest: „Erforschung der Lebensweise sozialer Gruppen heißt Untersuchung ihres Alltagslebens"
[78: Aller Tage, 11].

Alltags- und erfah-
rungsgeschichtliche
Perspektiven

## 2. Volkskultur – Arbeiterkultur – Massenkultur: Transformationen und Lernprozesse

Mit diesen Prozessen der Klassenbildung verbinden sich Fragen nach historischen Kontinuitäten, nach Brüchen und Neuschöpfungen, die auf der Ebene der Alltags- und Gruppenkulturen teilweise erst neu zu formulieren sind. Jener „Paradigmawechsel von der Feststellung von Lebensbedingungen zur Untersuchung von Wahrnehmungsformen und Lebensweisen", den PEUKERT in der sozialgeschichtlichen Forschung konstatiert [101: Arbeiteralltag, 17] – er schafft vor neuen Antworten zunächst neue Probleme. Denn besonders im frühen 19. Jahrhundert stellen die Wechselbeziehungen und *Transformationen* zwischen bäuerlichen, protoindustriellen, handwerklichen und proletarischen Lebensformen oft eine kulturelle „Gemengelage" her, die eher als ein Neben- und Ineinander

*Traditionen und Wurzeln der Arbeiterkultur*

erscheint, denn als ein geordnetes Nacheinander. Verallgemeinert gesprochen, läßt sich insofern das Verhältnis von „Volkskultur" und „Arbeiterkultur" nicht einfach als eine chronologische Abfolge auffassen, es verweist auch auf die „Gleichzeitigkeit des Ungleichzeitigen" in der Kultur.

Lebensweltlich betrachtet, bestehen zwischen den Sozialmilieus der Kleinbauern- und Taglöhnerfamilien, der hausindustriellen Weber und ersten Fabrikarbeiter, auch der Handwerksgesellen und kleinen Gewerbetreibenden zweifellos noch enge Verbindungen und Verwandtschaften, da sich ihr Alltagskomment und dessen „kulturelle Grammatik" in vielen Grundzügen ähneln. Es sind dieselben Wohnviertel in den ländlichen Gewerberegionen oder an der städtischen Peripherie, sozial wie infrastrukturell noch keineswegs „industriell" geprägt, sondern eine Mischung aus Agrar-, Handwerks- und Industriemilieu [47: CONZE/ENGELHARDT (Hrsg.), Arbeiterexistenz]; es sind dieselben Orte einer Straßenöffentlichkeit um Hof, Gasse und Wirtshaus; und verwandt sind auch jene Beziehungsfiguren der Berufsgruppen und Verwandtschaften, der Geselligkeit und der Feste, die den Alltag prägen und ihn durch eigene Kommunikationsstile, Symbole und Gesten regeln [6: EMMERICH (Hrsg.), Lebensläufe].

### 2.1. Volkskultur als heuristische Kategorie

So kann man hier tatsächlich noch nach einer sozialkulturellen Bezugsgröße „Volk" fragen, die im engeren Sinn die Nichtprivile-

gierten und Abhängigen, die Handarbeitenden und „Ungebildeten"
meint, verbunden durch verwandte Referenzsysteme wie durch die
Erfahrung materieller Unterversorgung und sozialer Ungerechtigkeit [39: MOORE, Ungerechtigkeit, 666 f.]. Als Selbstbild, als „Identi-
tätsbezeichnung sozialer Bewegung und mentaler Einstellung" ist
dieser Begriff durchaus mit positiven Konnotationen versehen, als
das „arbeitende Volk", der eigentlich produzierende und wertschaf-
fende Teil der Gesellschaft [87: KASCHUBA, Mythos, 276].

   Solche gemeinsamen Horizonte in bestimmten gesellschaftlichen Bewegungsräumen und Erfahrungsfeldern – das wäre „Volks-
kultur" im Sinne einer *strukturellen* Verwandtschaft von sozialer      Nutzen und Gefah-
Lage, materieller Lebensführung und kultureller Praxis. Es ist eine    ren des Volkskul-
in ihrem Kern orale, kommunikative Kultur, die – wie SCHINDLER         tur-Begriffs
sie charakterisiert – „ein ungemein reichhaltiges Arsenal habitueller
und ritueller Ausdrucksmöglichkeiten in sich birgt, das von Mimik,
Gestik, dialektbezogenen Sprechattitüden über Gesang, Tanz,
Sprichwörter und anderes Alltagsbrauchtum bis hin zu seiner kollektiven Selbstinszenierung in Festen, öffentlichen Umzügen und
Karneval reicht" [105: Spuren, 25]. Billigt man ihr neben ihrer Traditionalität und Kontinuität auch eine gewisse Alltagsnähe und Modernisierungsfähigkeit zu, so lassen sich die „Mischformen" aus po-
pularen und proletarischen Mustern als *Transformationsmodelle* begreifen, die wie Schleusen jene kulturellen Gefälle und Brüche in
der Frühindustrialisierung zu überwinden helfen, wie sie beim
Wechsel vom Land in die Stadt, von der agrarischen in die gewerbliche oder industrielle Produktionssphäre auftreten.

   In den letzten Jahren wurde die Diskussion um die Brauchbar-
keit des Volkskultur-Konzepts und um seinen Erklärungswert er-       Kritik des Kanons
neut aufgenommen. Dabei geht es nicht mehr um jenen stillgestell-
ten, enthistorisierten Begriff, wie ihn die alte Volkskunde und Kulturgeschichte benutzte: „Volkskultur" als ein Kanon von Mythen,
Sagen, Riten und Bräuchen eines archetypisch, ungebildet und un-
verbildet beschriebenen bäuerlichen Volkes [69: BAUSINGER, Technische Welt, 17 f.]. Auch wird sehr viel weniger auf einen Gegensatz
zwischen „regionalen" Volkskulturen und „nationaler" Bürgerkultur abgehoben, da das Bild von kulturell abgeschotteten, „unver-
fälschten" Lokalwelten nicht mehr aufrechtzuerhalten sei. Und
schließlich meine Volkskultur keinen homogen und klassenneutral
gezeichneten Topos mehr, sondern eine „heuristische Kategorie"
[105: SCHINDLER, Spuren, 54], die ein umfassenderes Nachdenken
über Alltagskulturen und Erfahrungshorizonte der Unterschichten

sowohl in der altständischen als auch in der beginnenden Klassengesellschaft ermöglichen soll.

„In einem solch revidierten Verständnis von Ökonomie und Kultur des Alltäglichen" [96: MEDICK, Plebejische Kultur, 160] reicht Volkskultur von der Sphäre der Arbeit über die Formen sozialer Reproduktion und materieller Kultur bis zur Ebene der Volksfrömmigkeit und Religiosität. Sie schließt vor allem auch Fragen ein nach Weltanschauungen, nach Erfahrungsweisen von Herrschaft und Unterordnung und nach Formen der sozialen wie politischen Selbstbehauptung im Prozeß der gesellschaftlichen Modernisierung [79: V. DÜLMEN/SCHINDLER (Hrsg.), Volkskultur, 15 f.]. Dennoch wird man ihre Wurzeln und ihr Zentrum vorrangig in jenen Gesellschaftsbereichen suchen, wo ein vergleichsweise geringes Maß an sozialer Bewegung und umgekehrt ein relativ hoher Grad an sozialkultureller Stabilität, auch an „Abwehrkräften" gegen das Neue vorhanden ist, also bei denjenigen Gruppen, die auf dem Lande und im Bereich der agrarischen Produktion verharren [77: BURKE, Helden, 294].

Angestoßen wurde dieses neue Interesse an der Volkskultur sicherlich auch durch englische, französische und italienische Debatten, die in der *popular culture* ein entscheidendes geschichtliches Kraftfeld sehen, in dem sich die Spannungen wie die Dialoge zwischen einer hegemonialen „Kultur der Eliten" und den Kultursystemen der Unterschichten beim Übergang von der feudalen in die bürgerliche Gesellschaft verfolgen lassen. BURKE etwa entwirft für das 16. bis 19. Jahrhundert das Bild einer „Kultur der Nicht-Eliten", in der sich ein „System kollektiv verwendeter Sinngehalte, Einstellungen und Werte sowie der symbolischen Formen" dieser Haltungen ausdrückt [77: Helden, 11]. Sein Entwurf wie das französische Pendant von MUCHEMBLED, das Kultur freilich viel mehr auf populare Tradierungsformen und Symbolelemente verengt [97: Kultur], und vor allem GINZBURGS Mikrostudien zur vorindustriellen bäuerlichen Erfahrungs- und Vorstellungswelt [80: Der Käse] lenkten auch hierzulande die Aufmerksamkeit auf Fragen nach der „Innenseite", nach der *subjektiven* Erfahrung und Gestaltung historischer Prozesse. Namentlich GINZBURG plädiert dafür, „den historischen Begriff des Individuums" auch „in die gesellschaftlichen Unterschichten hinein zu erweitern", um so „die Charakteristika einer ganzen sozialen Schicht in einer bestimmten historischen Periode wie in einem Mikrokosmos" untersuchen zu können [Ebd., 15].

Anlehnung an das Konzept der „popular culture"

## 2.2. Arbeiterkultur als klassenförmiger Lernprozeß

Wenn Volkskultur so als eine Art lebensweltliches *Leitsystem*
der vorindustriellen Unterschichten gedeutet werden kann, dann
mag für die Epoche des Industriekapitalismus der Arbeiterkultur
eine ähnliche Orientierungsfunktion zugeschrieben werden. Erste
Ansätze zu einer entsprechenden Auffassung finden sich bereits bei
RÜHLE in dessen 1930 veröffentlichter „Kultur- und Sittengeschichte des Proletariats", in der die Arbeiterkultur nicht nur als historische „Elendskultur", sondern auch als die „neue Kultur", als
Zukunftsvision „menschlicher Beziehungen" skizziert wurde [104:
30], während der Volkskundler PEUCKERT ein Jahr später eine mehr
nach kulturellen Wurzeln und Traditionen suchende „Volkskunde
des Proletariats" begann [100].

*Forschungsge-*
*schichte der Arbei-*
*terkultur*

In den 1950er Jahren nahm BREPOHL die volkskundliche Tradition wieder auf [75: Industrievolk], während RITTER ein neues sozialgeschichtliches Verständnis forderte und die Entstehung von Arbeiterbewegung und Arbeiterkultur nun systematisch in den Rahmen der ökonomischen wie politisch-sozialen Entwicklung der Gesamtgesellschaft stellte [102: Arbeiterbewegung]. Ein integrales
Konzept indessen, das die segmenthaften Perspektiven auf Sozial-
lage, Kultur, Politik aufhob und die Beziehung zwischen „Bewe-
gungs-" und „Klassenkultur" schärfer problematisierte, entwickelte
sich erst in den intensiven Diskussionen und Arbeiten der 1970er
Jahre [89: KOCKA (Hrsg.), Arbeiterkultur; 63: TENFELDE, Bergarbei-
terschaft].

Zum einen wurden in der sozialgeschichtlichen Forschung nun
Fragen der Organisationsgeschichte und der sozialistischen Kulturbewegung zwischen Kaiserreich und Weimar zu neuen Arbeits-
schwerpunkten [103: RITTER (Hrsg.), Arbeiterkultur]; zum zweiten
wandten sich Volkskundler und Historiker der DDR mit einem
marxistisch neu gefaßten Begriff der *Kultur und Lebensweise* einer
umfassenden Dokumentation und Untersuchung proletarischer Lebensstile und Kulturbedürfnisse zu [86: JACOBEIT/MOHRMANN
(Hrsg.), Kultur]; und zum dritten begann die neuere Volkskunde in
Annäherung auch an Sehweisen der Historischen Anthropologie damit, die Arbeiterkultur als ein kohärentes System von *Deutungs- und
Handlungsmustern* zu erklären, deren hohe kollektive Wirkung und
Integrationskraft auch auf ihrer besonderen Bildsprache und Symbolik beruhte, auf einer sozial, politisch wie ästhetisch scharf akzen-

*Neue Forschungs-*
*schwerpunkte und*
*-perspektiven*

tuierten „Klassenkultur" als Identitätsangebot [92: LEHMANN
(Hrsg.), Arbeiterkultur; 67: ASSION (Hrsg.), Transformationen].
In zahlreichen Dokumentationen und Ausstellungen über
„Arbeiterleben" [98: MÜHLBERG (Hrsg.)], „Großstadtkultur" [110:
BOBERG/FICHTER/GILLEN, Metropole] oder „Industriekultur" [81:
GLASER/RUPPERT/NEUDECKER (Hrsg.)] wurden diese neuen Ansätze
aufgenommen und modifiziert.

Vor allem jedoch entwickelten sich
daraus regional-, alltags- und lebensgeschichtliche Zugänge zu Lebenswelten, die zuvor hinter den Daten und Mythen proletarischer
Avantgard- und Organisationsgeschichte verborgen waren [52:
HAUMANN (Hrsg.), Arbeiteralltag; 22: STEINBACH, Erinnerte Ge-
schichte].

Nachdem dieser Forschungsaufschwung der 1970er Jahre mittlerweile etwas abgeflacht zu sein scheint, stehen nun besonders Fragen nach den inneren Kontingenzen wie Differenzierungen der Arbeiterkultur im Vordergrund: nach gruppen- und geschlechtsspezifischen Kulturpraxen, nach „subjektiven" Weltbildern und Selbstver-
ständnissen. Dabei wird nachdrücklich auch auf „die Bedeutung
religiöser, ethnischer und vor allem berufsspezifischer Traditionen"
für den Entstehungs- und Entwicklungsprozeß der Arbeiter*all*-
*tags*kultur hingewiesen [73: BOLL (Hrsg.), Arbeiterkulturen, 8]. Denn
die Vereinheitlichung der Klassenlage vollzieht sich historisch und
über Generationen hinweg in sozialen Haltungen und kulturellen
Formen, in denen sich alte Herkunfts- und neue Klassenmerkmale,
volkskulturelle Traditionen und proletarischer Habitus mischen.

Das Beispiel Pro-
testforschung

Sichtbar und eindrücklich gemacht wird dies vor allem in den
vielen kleinen Sozialkonflikten des mittleren 19. Jahrhunderts und
in den vielfältigen Gesten des Trotzes, der Auflehnung, des kollektiven Protests, wie sie sich in Holzdiebstahl und Kleinkriminalität, in
Brotkrawallen und Rügeaktionen gegen die Obrigkeit äußern. Erst
die neueren Forschungen zum *Sozialprotest* haben diese oft traditionalen Formen einer „Politik des Alltäglichen" weiter nach vorn in
unser Blickfeld gerückt und uns auf deren Bedeutung als kulturelle
wie politische „Wortmeldungen von unten" aufmerksam gemacht
[296: PULS et al., Wahrnehmungsformen; 303: VOLKMANN/J. BERG-
MANN (Hrsg.), Sozialer Protest; 297: REINALTER (Hrsg.), Protestbe-
wegungen].

Dieses neue Selbstbewußtsein der Unterschichten artikuliert
sich in einem demonstrativen Anderssein, im Gestus einer „Gegenkultur", die nun öffentlich ausgelebt wird und sich auch in Elementen einer eigenen Öffentlichkeit formiert: an den Straßenecken im

Viertel als dem eigenen Revier, in den Kollegen- und Freundesgruppen der Wirtshäuser, in den kleinen Festformen als Orten der Kommunikation und des kollektiven Sichauslebens [237: BLESSING, Fest und Vergnügen; 284: GAILUS, Pöbelexzesse, 16 ff.]. Allmählich entsteht so ein noch heterogenes frühindustrielles Arbeitermilieu, in dem sich jedoch bereits charakteristische Züge eines eigenen Lebensstils andeuten.

Wie schwierig es ist, diesen gesellschaftlichen Standort in kognitiver wie kultureller Hinsicht zu bestimmen, zeigen Untersuchungen zum Sozialverhalten der „neuen", aus ihren bisherigen Arbeitskontexten und sozialmoralischen Milieus herausgelösten Arbeitergruppen [52: HAUMANN (Hrsg.), Arbeiteralltag]. Deren Festklammern an handwerklichen Statuszeichen, deren Verstöße gegen Polizeiordnung und Fabrikdisziplin drücken in symbolischer Weise das Bedürfnis aus, aus Elementen der Herkunftskultur und aus neuen Erfahrungsmomenten eine gewissermaßen „synthetische" Identität herzustellen [302: STEFFENS, Autorität, 117 ff.]. Hier lassen sich jene „Verklammerungen und Verknüpfungen von individueller Alltagswirklichkeit und kollektivem Alltagshandeln" erkennen [34: LANGE-WIESCHE/SCHÖNHOVEN (Hrsg.), Arbeiter, 8], mit denen der Aufbau klassenspezifischer Erfahrungshorizonte und Verhaltenssysteme beginnt. Ihre neue Qualität und ihr eigenes Profil erhält die Arbeiterkultur dann im Kaiserreich, als mit Partei-, Gewerkschafts- und Vereinsorganisationen ein festes Fundament entsteht, auf dem „Klassenpolitik" und „Klassenkultur" aufbauen: politische Programme und feste Organisationsformen, Wertehorizonte und politische Symbole, Bildungsformen und Freizeitmuster.

Immer wieder ist in der Forschung darüber diskutiert worden, ob Arbeiterkultur als eine „Subkultur" oder als eine „zweite Kultur", als eine eigene gesellschaftliche „Gegenkultur" zu verstehen sei [90: D. KRAMER, Theorien, 138 ff.]. Zwar hat sich dazu keine einheitliche Auffassung herausgebildet; selbst dezidiert marxistische wie nicht-marxistische Positionen sind in sich oft uneins geblieben. Doch scheint mittlerweile ein Konsens darin zu bestehen, daß diese Frage auch im Zuge der Akzentverschiebung von der Arbeiter*bewegungs*- zur Arbeiter*alltags*kultur als „ganzer" Lebensweise nicht mehr als nomenklatorisches Problem zu behandeln, sondern jeweils nach historischen Wirklichkeits- und Handlungsfeldern zu differenzieren sei [89: KOCKA (Hrsg.), Arbeiterkultur; 52: HAUMANN (Hrsg.), Arbeiteralltag].

Wenn Arbeiterkultur als *Klassenkultur* definiert wird – oder

„Subkultur" oder „Gegenkultur"?

auch pluraler als kohärentes System von Gruppenkulturen –, so verweist dies jedenfalls auf nicht nur temporär und graduell „abweichende", sondern auf qualitativ eigenständige Reproduktionsformen des Arbeiterlebens und auf entsprechend eigene „Autonomieansprüche" [91: LANGEWIESCHE, Politik, 372]. Dann wäre die Eigenständigkeit der Arbeiterkultur „in den alternativen Ideen über die Natur der gesellschaftlichen Beziehungen" (RAYMOND WILLIAMS) zu suchen, also wesentlich in den Ideen der Kollektivität und Solidarität als Gesellungs- und Gesellschaftsprinzipien. Und dann geht es nicht nur um die Andersartigkeit äußerer Lebensbedingungen, sondern um die Andersartigkeit von Wahrnehmungsformen, um die „alltägliche Lebensweise, in der die Menschen ihre sozialen Beziehungen wahrnehmen und ausdrücken" [72: BERDAHL et al., Klassen, 11].

### 2.3. Moderne Klassenkulturen?

Als theoretischer Rahmen für die Untersuchung klassenspezifischer Erfahrungsorganisation und Weltanschauung findet inzwischen immer mehr jenes Konzept des *kulturellen Habitus* Beachtung, wie es vor allem von dem französischen Kultursoziologen PIERRE BOURDIEU entwickelt wurde. Kultureller Habitus meint die kognitiven Vermittlungsleistungen zwischen „objektiv" vorgegebener „Klassenlage" und „subjektiv" bewußter „Klassenstellung", bezieht sich somit auf die innere Systematik von individuellen Erfahrungsweisen und von symbolischen Ausdrucksformen, die sich auf der Ebene von Lebenswelt und Alltagskultur zu klassenförmigen Mustern ordnen lassen. Dabei geht das Konzept aus von einem System „inkorporierter", also bewußter wie unbewußter Wahrnehmungsformen, Verhaltens- und Wertordnungen, in deren Anwendung die Einzelperson ihre Zugehörigkeit zu einer bestimmten Klassenformation und Kulturpraxis erfährt. Ihre sozialkulturelle Identität definiert sich damit selbsttätig im Alltagshandeln, indem sie darin von dem anderer Schichten und Klassen bewußt abweicht: Soziale Unterschiede werden in symbolische Akte sozialer Unterscheidung umgesetzt [74: BOURDIEU, Unterschiede, 727–755].

Fruchtbar scheint dieses Konzept dann, wenn damit in differenzierter Weise auch nach der Kontinuität historisch gewachsener Gruppen- und Klassenkulturen in der vermeintlich immer weiter vergesellschafteten und sich vereinheitlichenden „Massenkultur" des 20. Jahrhunderts gefragt wird. Nicht mehr primär der Bestand an äußeren Formen, sondern die Festigkeit „innerer" Werthaltun-

*Alltagskultur und Klassenhabitus*

gen und kollektiver Dispositionen bildet so den Maßstab für die
Untersuchung von Klassenstrukturen und Klassenkulturen.

In diesem Sinne läßt sich auch die Frage nach einer Arbeiterkultur *in der Gegenwart* besser lösen von der Fixierung auf jenes geschlossene Formen- und Traditionsprofil des späten 19. und frühen
20. Jahrhunderts. Denn offensichtlich hängen die kontroversen
Standpunkte zur Kontinuität der Arbeiterkultur über die Zäsur des
Faschismus hinweg eng mit diesem Perspektivproblem zusammen.
Einerseits wird in einer sozialgeschichtlich orientierten Argumenta-
tionsführung die Auflösung einer Arbeiterkultur konstatiert, wie sie
sich im Kaiserreich formiert hatte und in der Weimarer Republik
ihre Blüte fand. Dies bedeute endgültig den „Abschied von der Proletarität" als gemeinsamem Lagebewußtsein [55: MOOSER] und eine
weitgehende soziale und kulturelle Integration der Arbeiterschaft in
die „demokratische Massengesellschaft". Ohne den politisch-ideo-
logischen Bezugspunkt einer starken und entschieden antikapitali-
stischen Arbeiterbewegung könne man nicht mehr von einem inneren Kern „proletarischer Identität" ausgehen. Andererseits wird mit
besonderer Betonung des alltagskulturellen Aspekts darauf hingewiesen, daß Lebensweise und Lebensstil heutiger Arbeiterfamilien
hinsichtlich der Kommunikations- und Interaktionsformen, der
Persönlichkeitsideale und Wertorientierungen deutlich Züge „klas-
senkultureller" Gemeinsamkeit tragen, daß sie „ein von dem herrschenden ‚abweichendes' moralisch-normatives Bezugssystem für
soziales Handeln" bilden [95: MAHNKOPF, Verbürgerlichung, 256].
Insofern sei eher von Sinn- und Funktionswandlungen, von Transformationen und Metamorphosen der Arbeiterkultur auszugehen
als von deren Auflösung und Ende [172: KASCHUBA, Symbolische
Ordnungen].

Von beiden Positionen aus sollte man wohl überdenken, wie
hoch die Kontinuität und Homogenität veranschlagt werden, die
man entweder mehr in jenem ehemals engen Ineinander von Arbei-
teralltagskultur und Arbeiterbewegungskultur erfüllt sieht oder eher
in der klassengesellschaftlichen Strukturierung kognitiver Prozesse.
Dazu gehört gewiß auch eine differenziertere Sicht auf regional unterschiedliche Entwicklungen wie eine stärkere Berücksichtigung jener „fremden" Elemente und subkulturellen Formationen, die im
Arbeitermilieu durch *ausländische* Arbeitergruppen verkörpert werden. Denn dieses Problem der „Unterschichtung" ist so alt wie aktu-
ell: Die polnische Einwanderung während des letzten Drittels des
19. Jahrhunderts ins Ruhrgebiet [62: STEFANSKI, Arbeitsmigranten]

Arbeiterkultur in
der Gegenwart

Ausländische Ar-
beiter und das Pro-
blem der „Unter-
schichtung"

setzt ebenso wie die heutige Zuwanderung etwa der türkischen Arbeitskräfte [83: HALIL, Türkische Arbeiter] auch eigene soziale wie ethnische Akzente in der Arbeits- und Alltagskultur.

Weitgehende Übereinstimmung besteht indes wohl darin, daß bestimmte klassenspezifische Werthaltungen und Lebensstile als Kennzeichnungen sozialer Identität jedenfalls nicht einfach verschwunden sind. Daher erscheint die Verkündigung neuer, klassenunspezifischer Kulturpraxen, die sich primär nach Freizeitstilen, Altersgruppen und Geschlechtern differenzieren, doch ein wenig vorschnell. Eher ist wohl von einer äußeren Nivellierung der Kulturstile auszugehen bei gleichzeitig weiterer sozialer Binnendifferenzierung: Die „groben" Klassenmerkmale – so ließe sich im Sinne des habituellen Kulturbegriffs von BOURDIEU formulieren – weichen den „feinen" Unterschieden.

## 3. Städtische und dörfliche Lebenswelt: Regionale Mobilität und kultureller Wandel

Lange Zeit wurde die historische Entwicklung von städtischer und von ländlicher Kultur unter einem Blickwinkel betrachtet, der die Stadt zum alleinigen Wirkungsfeld gesellschaftlicher Modernisierung erklärte, das Land hingegen zum eher amorphen Raum ohne eigene sozialkulturelle Dynamik. Mittlerweile wurden solche dichotomen Vorstellungen differenziert, sie sind ersetzt durch das Bild eines historischen *Stadt-Land-Kontinuums*, in dem Übergänge und wechselseitige Beziehungen eine wesentliche Rolle spielen. Vor allem hat die neuere Dorfforschung deutlich machen können, wie wenig selbst vorindustrielle dörfliche Lebenswelten jener „historischen Fiktion" einer isolierten Bauernwelt entsprachen [133: ZIMMERMANN, Dorf, 91]. In protoindustriellen Regionen erscheint der Bezug zu Marktproduktion und Konsum bereits im 18. Jahrhundert stärker, „moderner" als in so mancher Stadt, und viele Anstöße zur Dynamisierung von Produktion und Kapitalverhältnis nehmen hier ihren historischen Ausgang [54: KRIEDTE/MEDICK/SCHLUMBOHM, Industrialisierung, 80 ff., 224 ff.]. Dennoch gilt als zentrale gesellschaftliche Blick- und Bewegungsrichtung der industriellen Moderne natürlich die Grundformel: Fluchtraum Land – Zielpunkt Stadt.

## 3.1. *Wanderungsmotive und Standortentscheidungen*

Zwar kommt fast das gesamte Bevölkerungswachstum des späteren Deutschen Reiches von der Mitte des 19. Jahrhunderts an den Städten zugute, vor allem den Großstädten, doch bleibt das Land die Lebenswelt oder der Herkunftsort der Bevölkerungsmehrheit. Mittlerweile kennen wir das statistische Außenprofil des Wanderungsverhaltens [121: LANGEWIESCHE, Wanderungsbewegungen; 36: MARSCHALCK, Bevölkerungsgeschichte, 145 ff.], wissen auch um den grundsätzlichen Auslösemechanismus jener „Pull- und/oder Push-Impulse", die entweder die Aussichtslosigkeit widerspiegeln, in einem an die Grenzen des Nahrungsspielraums stoßenden Lebensumfeld auf Dauer ein Auskommen zu finden, oder umgekehrt die Hoffnung, „in den Industrieagglomerationen seinen Lebensstandard verbessern und vielleicht sogar sozial aufsteigen" zu können [128: REULECKE, Urbanisierung, 71]. Andererseits ist die *qualitative* Seite dieser Mobilität noch wenig aufgehellt, also die Ebene der konkreten sozialen und rechtlichen Rahmenbedingungen und der subjektiven Motivationen und Dispositionen.

*Quantifizierende und qualitative Mobilitätsforschung*

So deutet sich bis in die Hochindustrialisierung bei ländlichen Arbeitskräften ein Wanderungsverhalten an, das keineswegs allein durch strukturelle oder konjunkturelle Faktoren gesteuert zu sein scheint, sondern auch durch subjektive Entscheidungen. Wohl locken die Aussicht auf größere soziale Unabhängigkeit wie auf wöchentlichen Barlohn und erweiterten Konsum. Dennoch nähert man sich dem Magnet Industriestadt oft nur zögernd und in Etappen an, da das Industriearbeiterleben als eine kulturell fremde, „aus dem sonstigen Lebenszusammenhang herausgelöste Dimension" wahrgenommen wird [53: KOCKA, Klassenbildung, 115], überdies als materiell noch unsichere, stets krisengefährdete Existenzgrundlage.

Neuere Arbeitszeit- und Lohnberechnungen bestätigen bis in die 1870er Jahre eine hohe Diskontinuität von Beschäftigung und Einkommen [218: SANDGRUBER, Konsumgesellschaft, 111 ff.]. Diese Erfahrungslektion wird von den Arbeitskräften an der Schwelle zur Fabrik offenbar rasch gelernt und findet Eingang in das „kollektive Wissen" auch noch industrieferner Unterschichten, so daß trotz ökonomischer Notlage vielfach nicht der letzte Schritt in die reine Industriearbeiterexistenz getan wird. Neben den hausindustriellen Produzenten verkörpert daher der Arbeiterbauer eine zentrale Figur im Übergang von der Agrar- zur Industriegesellschaft. Räumlich zwischen Stadt und Dorf pendelnd und reproduktionstechnisch in

*Mobilitätsentscheidungen und -verweigerungen*

einer „gewerblich-agrarischen Doppelstellung" verharrend, die
Lohneinkommen ermöglicht und zugleich durch kleinen Grundbesitz noch „bäuerliche" Einkommensteile wie Statuseigenschaften
bewahrt, dominiert dieser Produzententypus in weiten stadtnahen
Regionen [49: DITT, Bielefeld, 199 f.]. So bremst sich die geforderte
industrielle Mobilität quasi auf halbem Wege ab, nach dem Ersten
Weltkrieg ist sogar ein verstärktes „Vordringen der Pendelwande-
rung" bei einem gleichzeitig „drastischen Rückgang der Binnenwanderung" festzustellen [123: LENGER/LANGEWIESCHE, Mobilität,
112].

Hier zeigt sich ein charakteristischer Grundzug industrieller
Mobilität, dessen Folgen bis in die Gegenwart führen, der jedoch
erst in Ansätzen aufgearbeitet ist. Bis ins Kaiserreich ist die geringe
Stabilität der Klassenbildung ursächlich mitbedingt durch die *ökonomische* Instabilität und *soziale* Unsicherheit der proletarischen
Existenz. Noch gibt es keine Arbeitergeneration, die mit der Erfahrung und in dem Bewußtsein eines gesicherten Lohneinkommens,
Arbeitsplatzes und Sozialstatus aufgewachsen wäre. Vielmehr ist die
zwangsmobile Fabrikarbeiterexistenz „häufiger eine Lebensform als
ein bloß einmaliger Übergang", wie CREW in seiner Fallstudie über
Bochum exemplarisch zeigt: Ende des 19. Jahrhunderts sind dort
fast drei Viertel der Einwohner Zugewanderte, dazu bis zu 20 Prozent der Ortsanwesenden seit weniger als 12 Monaten in der Stadt
[48: Bochum, 71 f.]. Hinzu kommen bis 1871, bis die Wohnsitz- und
Unterstützungsfrage durch die Reichsgesetzgebung geregelt und auf
industriegesellschaftliche Bedürfnisse zugeschnitten ist, die regional
unterschiedlichen Versorgungs- und *Heimatrechte* [120: KRAUS,
Rechtliche Lage]. Davon sind historische Lebensentwürfe und Lebensentscheidungen in zentralen Punkten der Sozialversorgung und
der politischen Rechte wie der Heiratsmöglichkeit und der Familiengründung betroffen [146: MATZ, Pauperismus]. All dies wie auch
die Erhaltung der gewachsenen sozialen Bindungen und des vertrauten kulturellen Milieus verweist auf eine „subjektive" Seite von
Mobilitätsentscheidungen, die wir z. T. nur im statistischen Ergebnis
kennen.

### 3.2. Dörfliche Kultur im sozialen Wandel

Historiographisch steht dörfliche Kultur noch immer synonym
für Traditionalität und Konservativität, obwohl in manchen ländlichen Regionen bereits ausgesprochen früh agrarkapitalistische Ver-

hältnisse entstehen und obwohl generell schon Ende des 18. Jahrhunderts von „bäuerlicher Welt" nur mehr sehr bedingt die Rede sein kann. Offenbar ist die Ungleichzeitigkeit von ökonomischer und sozialkultureller „Modernisierung" hier besonders schwer zu entziffern.

Umfangreiche Arbeiten einer volkskundlichen Forschungsgruppe in der DDR haben beispielsweise für die Magdeburger Börde dokumentiert, wie dort schon zu Anfang des 19. Jahrhunderts Großbauern am frühindustriellen Schlachtvieh- und Zuckerrübenboom partizipieren, so daß ein wachsender Arbeitskräftebedarf an Landarbeitern und Kleinhäuslerfamilien entsteht. Noch vor der Jahrhundertwende ist zudem bei bestimmten Arbeiten ein relativ hoher Mechanisierungs- und Technisierungsgrad erreicht [127: RACH/WEISSEL/PLAUL (Hrsg.), Börde, 43 f.].

Agrarkapitalismus in der Magdeburger Börde

Dabei ermöglicht gerade diese „moderne" Agrarproduktion eine fast ungestörte Fortführung „traditioneller" Sozialformen und Kulturmuster. Wie die Untersuchungen zeigen, sind die Arbeitsverhältnisse für die Landarbeiter wie die Abhängigkeitsverhältnisse der Pächter noch lange ausgesprochen patriarchalisch und paternalistisch geregelt. Hinsichtlich Miete, Lohn und Sozialleistungen ähneln sie mehr vorindustriellen Tausch- und Abhängigkeitsbeziehungen als modernen Wirtschafts- und Lohnarbeitsverhältnissen. Abgesichert wird dieses System wiederum in ausgesprochen (agrar-)kapitalistischer Manier dadurch, daß landwirtschaftliche Saisonarbeiter aus Polen, die sogenannten „Sachsengänger", in großer Zahl angeworben werden, um die einheimischen Arbeitskräfte unter Konkurrenzdruck zu halten bzw. den nun „durch die Landflucht des einheimischen Agrarproletariats bewirkten Arbeitskräftemangel auszugleichen" [184: PLAUL, Landarbeiter, 115]. Gegen die industrielle Mobilität wird hier also quasi das Mittel der De-Regionalisierung des Arbeitsmarktes eingesetzt.

Ähnliche Ungleichzeitigkeiten lassen sich auf der Ebene der Lebensstile feststellen: einerseits bei den Großbauern sehr früh schon Kutschen, modische Kleidung und Vereinsfeste, orientiert an bürgerlich-städtischem Lebensstil und an Repräsentationsformen, die bald auch die Kleinbauern nachzuahmen versuchen; andererseits traditionelle Formen der Familienstruktur wie der geschlechtsspezifischen Arbeitsteilung, der Religionspraxis wie des schichtspezifischen Heiratsverhaltens. In der Festkultur treten zu den älteren Formen der Familienfeiern und Festbräuche um 1900 neue Modelle wie die Feiern der Krieger- und Landwehrvereine, ein Integrations-

angebot an die dörflichen Unterschichten und zugleich eine „nationale" Neuinszenierung von „Gemeinschaft".

In anderen Regionen vollzieht sich dieser Wandel oft unauffälliger, verdeckt durch die Traditionskulisse dörflicher Kultur. Dies
läßt sich trotz der Vielfalt dörflicher Entwicklungswege für die länd-

Ungleichzeitigkei-
ten: Struktur und
Kultur
liche Sozial- und Kulturgeschichte wohl verallgemeinern: Tracht
und Lohnarbeit, Brauchtum und soziale Segregation sind kein Widerspruch, sondern Ausdruck der *kulturellen* Eigengesetzlichkeit
dörflicher Lebenswelt. Daß die „modernen" Elemente im Sinne sozialen Wandels sich hier zögernder durchsetzen und weniger wahr-
zunehmen sind, entspricht der wirtschaftlichen und sozialen Logik
einer Arbeits- und Lebensweise, deren „Orientierung an der Kontinuität" von materiellen Bindungen und sozialen Beziehungen „das
mentale Leitmotiv" individueller, familiärer wie dörflicher Lebensführung bildet [118: KASCHUBA, Leben, 83]. Insofern entspricht das
Traditionsklischee wiederum der nach außen hin so offen zur Schau
getragenen Wertekontinuität dörflicher Lebenswelt selbst.

### 3.3. Mentalität und Volksfrömmigkeit

Entscheidend stabilisiert werden solche Denkhorizonte und
Kulturmuster zweifellos durch die dörflichen Formen kirchlichen
Gemeindelebens und popularer Frömmigkeit. Auch in der Moderne

Religion als lebens-
weltliches Ord-
nungssystem
erscheint Religion hier noch als ein ausgesprochen weltlich wirken-
des Ordnungsprinzip, zumal die Dörfer aufgrund ihrer feudalen
Herrschaftsgeschichte meist nur einer Konfession angehören, jedenfalls kaum das gewohnte Nebeneinander von zwei, drei Konfessionen kennen, wie es für viele Städte des 19. Jahrhunderts gilt. Während sich dort die kirchlich-religiösen Bindungen in Folge der Säkularisierung lockern, verkörpert Religion hier noch einen weithin geschlossenen Sinn- und Wertehorizont ländlicher Lebenswelt, dessen
sozialmoralischem Verhaltenskodex die Unterschichten in besonderem Maße unterworfen sind. Kirchliches Leben wird als gestalten-
des Element der dörflichen Gemeinschaftskultur aufgefaßt, als symbolische Strukturierung des Alltags durch Kirchgang und Feste,
durch die Rites de passage und die kleinen Zeichen der Alltags-
frömmigkeit [112: BRÜCKNER/KORFF/SCHARFE, Volksfrömmigkeitsforschung; 115: v. DÜLMEN, Religionsgeschichte].

Namentlich die katholischen Formen der Marienverehrung
und des Wallfahrtswesens gewinnen im Verlauf des 19. Jahrhunderts
in ländlichen Regionen wie etwa auch in den rheinischen Städten

noch an Bedeutung, im Kulturkampf gipfelnd in regelrechten Massenbewegungen, die als „Bauelemente für die relativ ‚geschlossene‘
katholische Bewußtseins- und Lebenswelt" fungieren [119: KORFF,
Kulturkampf, 151]. Dabei werden derartige Sinnlichkeitsbedürfnisse und Massenkulte keineswegs nur als Symptome einer verordneten Frömmigkeit oder einer Suche nach religiöser Identität und
Anmutung in einer fremder gewordenen industriellen Welt erklärt.
Vielmehr lassen sie sich auch als Ausdruck eines tief wurzelnden Bedürfnisses nach kollektiven Formen einer den Alltag überhöhenden
Kulturpraxis interpretieren. Insofern tragen die Kulte eher rituellgesellen als konfessionell-liturgischen Charakter, sie stehen im
„Übergang von institutionalisierter, kirchengebundener zur außerkirchlichen Religiosität" [131: v. THADDEN, Kirchengeschichte, 600],
zu jenen „wilden", von den Kirchen nicht kontrollierbaren Kultformen der Volksreligiosität [129: SCHARFE, Pietismus].

Deutlich machen neue Studien indessen auch, daß Religion
und Konfession nach 1800 verstärkt als Sicherungsinstrumente
staatlicher und kirchlicher Herrschaft eingesetzt werden, um die
noch autonomen Bereiche popularer Alltagskultur stärker unter
Kontrolle zu bringen [109: BLESSING, Staat und Kirche]. So gewinnt
die je eigene Prägung „protestantischer Buch- und katholischer
Ausdrucksfrömmigkeit" zusätzlich an Profil [113: DAXELMÜLLER,
Volksfrömmigkeit, 346]. Einerseits bedeutet dies Disziplinierung
und normative Formung der Arbeits- und Lebensweise, argumentativ neu unterlegt besonders durch die protestantische Ethik und ihren Pflicht-, Leistungs- und Erwerbsgedanken [129: SCHARFE, Pietismus]. Andererseits zeigt sich im katholischen Bereich eine Tendenz
der Instrumentalisierung volksreligiöser Formen wie Heiligenkulte
und Wallfahrten zur „Stabilisierung kirchlicher Ansprüche auf
Sinnstiftung in der Gesellschaft" [46: SCHIEDER, Religion, 21].

Dies gilt auch im Blick auf die Arbeiterschaft: Konfessionelle
Orientierungen und Frömmigkeitsformen spielen besonders in den
Bergarbeitermilieus an Ruhr und Saar eine gewichtige Rolle [63:
TENFELDE, Bergarbeiterschaft; 302: STEFFENS, Autorität]. Selbst im
unmittelbaren Umfeld der sozialistischen Arbeiterbewegung prägen
sie Weltbild und politisches Verhalten, sozialmoralische Einstellungen wie Familienleben untergründig mit, zumeist auf einen eher gesellschaftskonformen Horizont hin orientierend [15: LEVENSTEIN,
Arbeiterfrage; 29: EVANS (Hrsg.), Working Class]. Umgekehrt vermag diese Religiosität jedoch auch katalytische Wirkungen in desintegrativer Richtung zu entfalten, wenn sie gewissermaßen als „Feld-

*Konfessionalisierung als Legitimation von Herrschaft*

*Arbeiterschaft und Religion: (K) Ein Widerspruch*

zeichen" der Gruppenidentität in sozialen Konflikten aufgepflanzt wird. MALLMANN zeigt dies am Beispiel der Saarbergarbeiterschaft, deren Protestaktionen im Rahmen des Kulturkampfes ihr „Ventil", aber auch politische Artikulationsformen in einer kämpferisch „gesteigerten Religiosität" fanden [290: Tages Last, 153]. Und NIPPERDEY gibt generell zu bedenken, daß Religiosität in der „gelenkten" Organisationsform der Kirchen und ihrer Verbände in der zweiten Hälfte des 19. Jahrhunderts sogar zu einem „Vehikel der Modernität" wird, wenn sie etwa in ethischen Fragen alte mentale Verkrustungen behutsam aufbricht [41: Religion, 593].

### 3.4.  Urbanisierung und Verstädterung

Lebenswelt-Konzepte in der Urbanisierungsforschung

Forschungen zur Geschichte der Urbanisierung gehen inzwischen vor allem den infrastrukturellen und sozialen Konzentrationsprozessen städtischer Gesellschaft nach, indem sie das Schwergewicht auf die Untersuchung räumlicher Vergesellschaftungsprozesse und neuer sozialkultureller Lebensformen legen [130: TEUTEBERG (Hrsg.), Urbanisierung]. Einerseits wird die Entwicklung des urbanen Großstadttypus verfolgt, mit einem historisch gewachsenen Zentrum und mit markantem städtebaulichem wie stadtgesellschaftlichem Profil in der Art Berlins oder Hamburgs. Dies ist die „offene Bürgerstadt" [128: REULECKE, Urbanisierung, 15], ein Schmelztiegel der sozialen Gruppen und Kulturen, in dem die Unterschiede von Beruf und Bildung, von Konfession und geographischer Herkunft als Normalität erscheinen. Großstadt meint eine Lebenswelt voller sozialer Kontraste und kultureller Reibungsflächen, meint ein räumliches Nebeneinander von Oper und Stehbierhalle, von Delikateßladen und städtischer Suppenküche, von exklusiver Individualität und Massenverkehr – ein unmittelbares Gegenüber auch von Bürgerkultur und Arbeiterkultur [124: MATZERATH (Hrsg.), Städtewachstum].

Für das Großstadtproletariat wird dabei als Spezifikum hervorgehoben, daß die materielle Kultur und Ausgestaltung der Arbeiterexistenz in absoluter Weise von Lohn und Markt abhängen: „Proletarisches Reproduktionsverhalten ist darum der Tendenz nach auf eine Weise überfamiliär und öffentlich, wie dies in der Geschichte noch nicht vorgekommen ist" [98: MÜHLBERG (Hrsg.), Arbeiterleben, 23]. Hier sind buchstäblich die „Arbeitermassen" konzentriert, so daß die Frage nach der Entstehung einer spezifischen Großstadtmentalität in besonderem Maß die Prägungen durch die Arbeiterkultur miteinschließen muß. Erst neuere, interdisziplinär angelegte und auf Geschichte wie Gegenwart bezogene Studien – etwa über die „Arbeiter in Hamburg" [85: HERZIG/LANGEWIESCHE/SYWOTTEK (Hrsg.)] – zeigen die Vielgestaltigkeit dieses proletarischen Beitrags zur modernen Stadtgeschichte und Großstadtatmosphäre.

Andererseits wird, gleichsam als nicht-urbanes Gegenmodell, auf verstädterte Regionen ohne ein eigentliches Zentrum verwiesen. Beispielhaft dafür sind die „Hellwegstädte" um Duisburg, Dortmund, Essen oder die „Emscherzone" um Hamborn, Gelsenkirchen, Oberhausen, wo großflächige Arbeiterviertel entstehen, regelrechte „Industriedörfer" in Großstadtdimension, deren hohe Wirtschafts- und Bevölkerungskonzentration mehr „Uniformität" als „Urbanität" erkennen läßt [128: REULECKE, Urbanisierung, 98 f.]. Wirtschafts- und sozialstatistisch entsteht so ausgangs des 19. Jahrhunderts manche „Großstadt", in der Lebensweise und Alltagskultur eher kleinstädtisch-ländlichen Zuschnitt behalten: niedrige, meist nur einstöckige Häuser, der Kartoffelacker oder Garten am Haus, kilometerweit gleichförmige Arbeits- und Wohnlandschaften. Vor allem die Städte der Montanregionen und die sie prägende Berg- und Hüttenarbeiterkultur bewahren sich lange diesen eigentümlichen Charakter [63: TENFELDE, Bergarbeiterschaft]. Kulturell gesehen, bedeutet das eine Verbindung von städtischen und ländlichen Lebensformen und trägt wesentlich dazu bei, daß „dörfliche Züge in Teilen des Großstadtlebens" gerade in Deutschland sehr häufig zu finden sind [57: MOOSER, Arbeiterleben, 161].

Was die städtische Lebenswelt in all ihren Varianten wiederum gemeinsam prägt und darin wesentlich vom ländlichen Raum unterscheidet, sind eben nicht zuletzt die Ausdrucks- und Wirkungsformen der Arbeiterbewegungskultur, also jene politisch-sozialen Organisationen und Strukturen, die um die „sozialdemokratische Subkultur" der Gewerkschaften und Arbeitervereine dichte lebensweltliche Netzwerke bilden [247: GROSCHOPP, Bildungsverein]. MOOSER weist mit Recht kritisch darauf hin, wie lange dieser Arbeitertypus des (groß-)städtischen, „bewegten" Arbeiters von der Forschung als *der* proletarische Typus schlechthin betrachtet und in seiner Charakteristik vielfach überzeichnet wurde: als weitgehend traditions- und bindungslos, wurzelnd allein im sich neu formierenden Milieu der Arbeiterbewegung [57: Arbeiterleben, 161].

Noch wenig beachtet sind deshalb jene proletarischen Randgruppen, die nicht im Wirkungsfeld einer wesentlich von der Arbeiterbewegung geprägten Arbeiterkultur leben: ungelernte Lohnarbeiter, kleine Angestellte, ledige Arbeitslose und Dienstboten beiden

Offene Forschungsfelder

Geschlechts [76: BRÜGGEMEIER, Leben; 2: K. BERGMANN (Hrsg.), Reportagen]. Über deren Lebenswelt am Rande und im Schatten der urbanen Kultur sind unsere Kenntnisse vergleichsweise bescheiden, obwohl sie vielleicht viel eher den „Normalfall" proletarischer „Basisgeschichte" verkörpern [101: PEUKERT, Arbeiteralltag, 20].

# 4. Familienformen und Geschlechterrollen: Ordnungen im Wandel

Durch eine mehr sozialgeschichtlich orientierte Familienforschung sind jene Annahmen widerlegt, die von einer eher linear und schematisch verlaufenden Entwicklung von der bäuerlich-vorindustriellen Großfamilie zur modernen Kernfamilie hin ausgingen und einen damit Hand in Hand gehenden ständigen Verlust der familiären Funktionsfähigkeit und Integrationskraft konstatieren zu können glaubten [150: NEIDHARDT, Familie, 57 f.]. Dank der Einbeziehung anthropologischer und ethnologischer Perspektiven läßt sich inzwischen sehr viel präziser nachzeichnen, in welch vielfältiger und flexibler Weise die Familienformen den historischen Wandel der Gesellschaft begleitet und ihn getragen haben [156: SIEDER, Familie, 282–293]. Stets bildeten sie den Ausgangspunkt für die Veränderungen von Paar- und Generationenbeziehungen, von Geschlechter- und Arbeitsrollen, von Verwandtschafts- und Erbschaftssystemen: „Familie als eine strukturelle und funktionale gesellschaftliche Größe" und zugleich als ein „lebendiger psycho-sozialer Zusammenhang" [148: MEDICK/SABEAN (Hrsg.), Emotionen, 28].

Inzwischen geht es vor allem um die Rekonstruktion und Rekonstitution von Haushalts- und Familienformen als *prozessualen* Abläufen, in denen die Familie mehr als Klammer und Scharnier von Lebensläufen erscheint, denn als eigene, isolierte Struktur [149: MITTERAUER/SIEDER (Hrsg.), Familienforschung]. An die Stelle von Typologisierungsversuchen und formenorientierten Modellen [122: LASLETT, Lebenswelten] ist eine Auffassung getreten, in der die historischen Familiensysteme als offene, multifunktionale Formationen erscheinen, als „Haushaltsprozesse", die gleichermaßen materielle Interessen, soziale Beziehungen und emotionale Bindungen organisieren [138: FREITAG, Haushalt, 36].

*Perspektivenwandel durch Anthropologie und Ethnologie*

## 4.1. Die ländliche Produktionsfamilie

Für die Unterschichten bleibt die Familie bis ins 19.Jahrhundert das Modell schlechthin der Lebensorganisation, da es dem einzelnen allein fast unmöglich ist, seine materielle, soziale und psychische Versorgung zu sichern.

Als historischer Grundtypus wird die vorindustrielle *Produktionsfamilie* betrachtet, in der die gesamten Produktionstätigkeiten wie Reproduktionsleistungen der Familienmitglieder auf die gemeinsame Deckung der Bedürfnisse ausgerichtet sind im Rahmen einer Balance von Arbeit und Konsum und auf der Basis eines möglichst hohen Anteils von Selbstversorgung [147: MEDICK, Haushalt, 261 ff.]. Diese Sozialform – häufig als „ganzes Haus" (OTTO BRUNNER) apostrophiert und damit in Personenzahl wie Haushaltsgröße leicht überschätzt – baut auf dem Hof als der übergenerationellen familiären Existenzgrundlage auf, zu deren Erhaltung die Arbeitskraft der jeweiligen Eltern- und der Kindergeneration und oft zusätzlich noch verwandtschaftliche Hilfe benötigt werden. Selten jedoch findet sich jene Dreigenerationen-Familie, die von der älteren Familienforschung solange als typisch behauptet wurde und erst durch präzise demographische Untersuchungen zum Mythos erklärt werden konnte [143: IMHOF, Verlorene Welten, 136 ff.].

In dieser ländlich-bäuerlichen Grundform stehen Arbeit, Sexualität, Partnerwahl und Heirat unter den strategischen Zielen der Erhaltung und Vererbung des Hofes, besonders in Regionen mit *Haupt-* und *Anerbenrecht,* wo nur ein (männlicher) Nachkomme den Besitz erbt. Als Folge davon zeigt sich eine zunehmend hohe soziale Endogamie, also ein Heiraten innerhalb geschlossener bäuerlicher Kreise, um durch eine günstige Verbindung den familiären Besitz wie den sozialen Status zu behaupten. Die Perennität, die Generationen übergreifende Bindung an Haus und Hof und die Unterordnung unter das familiäre Gesamtinteresse überformen so die Einzelbiographie. Erst mit der Verringerung der Kinderzahlen und des Gesindes im 19.Jahrhundert verliert dieses strikte Modell langsam seine Wirksamkeit: „Die bäuerliche Familie reduzierte sich auf ihren genealogischen Kern und glich sich zumindest in ihrer Zusammensetzung dem ‚bürgerlichen Familienmodell' an" [156: SIEDER, Familie, 19].

Andererseits beweist diese Produktionsfamilie bereits in der proto- und frühindustriellen Phase erstaunliche Flexibilität. In den klein- und unterbäuerlichen Familien, in denen der Besitz nach dem

Bäuerliche Erbrechte und ländliche Familienmodelle

Prinzip der *Realteilung* unter allen Kindern aufgeteilt und damit immer weiter zerstückelt wird, kann der schrittweise Verlust der bäuerlichen Existenzgrundlage kompensiert werden durch den Übergang zu hausindustrieller Produktion für den Markt und durch Lohnarbeit der Kinder und der Frauen. Mit dieser modifizierten Form der Subsistenzwirtschaft verändern sich allmählich auch die Generationenbeziehungen und die generativen Muster, wobei die Fragen nach den Veränderungen der familiären Umgangsweisen mit Geld und Arbeit, mit Alters- und Geschlechterrollen vielfach noch nicht befriedigend beantwortet wurden. Unumstritten indessen ist die gewichtige Funktion, die dieser protoindustriellen Haushalts- und Familienform in doppelter, fast gegensätzlicher Weise zukommt: einerseits als ein aktives „Strukturelement in der Genese des industriellen Kapitalismus", andererseits als ein „strukturelles Rückzugspotential von Traditionalität" im Sinne der Aufrechterhaltung „bäuerlicher" Lebensformen [147: MEDICK, Haushalt, 256 f.]. So bleibt für große Unterschichtsgruppen die Produktionsfamilie in ihren Varianten lange Zeit eine entscheidende Klammer, die Lohnarbeit verbinden kann mit subsistenzwirtschaftlichen Formen und mit verwandtschaftlichen Arbeitsbeziehungen als „Netzwerken zu gegenseitiger Hilfe und Austausch" [148: MEDICK/SABEAN (Hrsg.), Emotionen, 53].

Dabei hat die Forschung noch genauer zu klären, inwieweit sich die sozialen und die moralischen Handlungsfreiheiten der einzelnen Familienmitglieder erweitern, indem etwa der *Neolokalität* und der *generativen Mobilität* – also einer relativen Unabhängigkeit der Partner-, Berufs- und Ortswahl – ein größerer Spielraum zugewiesen wird [156: SIEDER, Familie, 86]. Das steht dann im Zusammenhang mit der Frage nach der normativen Kraft jener säkularen Grundmodelle, an denen sich die familiären Besitz- und Reproduktionsstrategien langfristig orientieren. Einerseits wird mit Nachdruck auf die hohe strukturelle Kontinuität der familiären und verwandtschaftlichen Bindungssysteme hingewiesen [148: MEDICK/SABEAN (Hrsg.), Emotionen, 48 f.] Je weiter die Familienforschung jedoch in den Bereich der Familienrekonstitution vordringt, also den Ablauf der familiären Biographien nachvollzieht, desto mehr Flexibilität und „Vielgestaltigkeit der familialen Wirklichkeit" verrät sich andererseits, desto mehr entsteht der Eindruck, als ob sich die sozialen Gruppen und die familiären Generationen ihr jeweiliges „Modell" selbst zurechtlegen, ohne sklavisch einem Diktat der Tradition zu folgen [134: BORSCHEID/TEUTEBERG (Hrsg.), Ehe, X].

Neue Einblicke durch Familienrekonstitution

Mit dieser Flexibilität mag es zusammenhängen, daß umgekehrt manche Grundzüge jenes ländlich-bäuerlichen Familienmodells noch bis in die Gegenwart Geltung behalten. PLANCK stellt 1980 bei einer Untersuchung fest, daß bei Jugendlichen aus ländlichen Arbeiter- und Kleinbauernfamilien „traditionelle Verhaltensweisen und Einstellungen" im Hinblick auf „formale Ordnungs- und Gehorsamsprinzipien" wie auf Bildungseinstellungen und Geschlechterrollenverhältnisse dominieren – freilich kombiniert mit durchaus „modernen" Familienformen und Werten in anderen Bereichen [126: Landjugendliche, 193 ff.].

## 4.2. Die Arbeiterfamilie

Die proletarischen Familienformen des 19. und frühen 20. Jahrhunderts tragen noch „in vieler Hinsicht einen Übergangscharakter" [156: SIEDER, Familie, 184], da sich die Besonderheiten des industriellen Lohnarbeitsverhältnisses nur allmählich in feste, dauerhafte Lebensformen umsetzen [20: SAUL et al. (Hrsg.), Arbeiterfamilien; 7: FLEMMING et al. (Hrsg.), Familienleben]. Nicht nur die neuen Abhängigkeiten von Lohn und Markt oder die neuen Bedingungen geographischer und beruflicher Mobilität spielen dabei eine Rolle, sondern vor allem auch die Charakteristika der inzwischen modellhaft rekonstruierten proletarischen *Lebenslaufzyklen* und Lebensverdienstkurven [60: SCHÄFER, Industriearbeiter, 184 ff.].

Spätestens vom 14. Lebensjahr an beginnt die volle Arbeitstätigkeit mit allmählich steigenden Einkünften, im Alter zwischen 25 und 30 Jahren folgt die Hochverdienstphase, in der zumeist Heirat und Familiengründung stattfinden, weil es nur jetzt bei hohem Lohnniveau möglich ist, Kinder aufzuziehen, denn vom 40. Lebensjahr an setzt bereits der Rückgang der körperlichen Leistungsfähigkeit ein und damit ein Rückgang des Lohnes. So werden in den Formen der Familie die Probleme der Kinder- wie der Altersversorgung langfristig berücksichtigt, und so müssen in einer Art „Generationenvertrag" die Beziehungen zwischen den Generationen im Sinne eines zeitverschobenen gegenseitigen Hilfsprinzips geregelt werden, etwa indem die erwachsenen Kinder noch eine Zeitlang in einer Art Untermietverhältnis bei den Eltern leben [153: SCHOMERUS, Lebenszyklus].

Strukturen einer männlichen Klassenbiographie

Solche Markierungen kennzeichnen jedenfalls die männliche Biographie. Die jungen Arbeiterinnen hingegen treten nach einer Phase eigener Erwerbstätigkeit – meist an schlechten und schlecht-

Arbeiterinnen: Doppelbelastung und doppelte Benachteiligung

bezahlten Arbeitsplätzen [224: STOCKMANN, Frauenarbeit] – mit der
Heirat in eine typische Situation weiblicher Doppel- und Dreifach-
belastung ein: Haushalt, Kinderaufzucht, dazu meist noch unregel-
mäßige Lohnarbeit. Wegen der Unterbrechung durch die Geburt
und die Versorgung der Kinder und noch verstärkt durch die Ideologie der Geschlechterrollen kann sich daraus in ihrem eigenen Verständnis wie dem der Umwelt kaum ein „Beruf" im Sinne einer Zu-
schreibung von individueller Identität entwickeln – sondern nur
minderbewerteter, fast austauschbarer Broterwerb [139: FREVERT,
Frauen-Geschichte, 80 ff.].

Erst die jüngeren Forschungen entwerfen solch ein klares Bild
der proletarischen Familienformationen und ihrer Entwicklung. Sie
können deutlich machen, in welchen Formen die räumliche Trennung von Familienleben und Erwerbsarbeit bewältigt wird, wie sich
der Ablauf des Familienlebens dem Rhythmus der industriellen Arbeitszeiten angleichen muß, wie die materielle Seite der familialen
Reproduktion vom Wohnen bis zur Essensbereitung organisiert ist
und welche alters- und geschlechtsspezifischen Rollen sich daraus

Vom „halboffe-<br>nen" Arbeiterhaus-<br>halt zur Klein-<br>familie ergeben [160: BRAUN, Die Fabrik]. Dazu zeigen die Untersuchungen
von NIETHAMMER und BRÜGGEMEIER, wie für eine recht lange Über-
gangszeit „halboffene" Familienformen dominieren, in denen zwei
Familiengenerationen mit familienfremden Schlafgängern und Untermietern auf engstem Raum zusammenleben [216: Arbeiter im
Kaiserreich]. Und die Auswertung von Arbeiterinnen- und Arbeiterautobiographien vermittelt ein plastisches Bild, welche Bedingungen kindlichen Aufwachsens, partnerschaftlicher Beziehungen,
„privater" und „intimer" Situationen damit gegeben bzw. unmöglich sind [145: LERCH, Sozialisation].

Im Zuge der relativen Verbesserung der materiellen Lebensbedingungen im Kaiserreich entwickeln sich andererseits Gegenbewe-
gungen zu diesen „öffentlichen" Familienformen. Mit dem *demographischen Übergang* in den Jahren nach 1900 beginnt die Entwicklung hin zu kleineren Kinderzahlen, damit auch zu kleineren, eigenständigen Wohnungen ohne Untermieter [136: CASTELL, Unterschichten, 385 ff.]. Als Trend zur Privatheit scheinen Kleinfamilie
und Kleinwohnung damit jenem Modell proletarischen Gemein-
schaftslebens und gemeinschaftlich organisierter Hausarbeit diametral zuwiderzulaufen, das sozialistischen Denkern wie AUGUST BE-
BEL in seinem 1879 erstmals und danach in vielen Auflagen erschie-
nen Buch „Die Frau und der Sozialismus" als die fortschrittliche
Wohn- und Lebensform der Zukunft vorgeschwebt hatte.

Zunächst jedoch ist dies wohl mehr als ein schlichter Reflex auf das Leben in überquellenden Mietskasernen zu verstehen, in denen eher „Notgemeinschaften" zusammengepfercht als freiwillige Lebensgemeinschaften entstanden sind. Daß diese Entwicklung einfach gleichzusetzen sei mit der Übernahme des bürgerlichen Familienmodells, also mit einem proletarischen „Familiarismus" im Sinne der Trennung von öffentlichen und privaten Räumen und Rollen, mit einer eindeutigen Tendenz zur „Intimisierung" des Familienlebens, wird daher aus guten Gründen bestritten. Zwar versuchten auch die staatlichen Programme der Haushalts- und Familienberatung wie des Wohnungsbaus vor und nach dem Ersten Weltkrieg verstärkt in diese Richtung einer „Verbürgerlichung" zu wirken. Doch im Unterschied zur bürgerlichen Familie bremsten die immer noch größere Öffentlichkeit des proletarischen Familienlebens, die gemeinsame Beschaffung und -verwaltung von Existenzmitteln und der andersgeartete Umgang mit Sexualität, Intimität und Tabus diese Tendenz wohl ab [152: ROSENBAUM, Formen, 433 f.]. So scheint SIEDERS Resümee plausibel: „Das Familienleben der Fabrikarbeiter stand ungleich stärker in der Tradition ländlichen und heimindustriellen Familienlebens, als daß es dem städtisch-bürgerlichen Familienmodell entsprochen hätte." [156: Familie, 184].

Ohnehin kann man wohl erst für die Zeit nach 1900 davon sprechen, daß sich das Modell der modernen Kleinfamilie endgültig durchsetzt, zunächst überwiegend bei den Familien von städtischen Facharbeitern [136: CASTELL, Unterschichten, 377 f.]. Im historischen Überblick erscheint dieses *generative* Verhalten als eines der zentralen traditionellen Steuerungselemente im Leben der Unterschichten, sowohl im Hinblick auf ein Auspendeln kurzwelliger Konjunktur- und Krisenzyklen wie auf die Anpassung an säkulare Wandlungsprozesse. In Umrissen zumindest ist erkennbar, wie die „Sozialform" Familie insgesamt und besonders die Bereiche der Entwicklung der individuellen Bedürfnisse und der Sexualität diesem Steuerungsverhalten untergeordnet sind. Wie Wohnenge und „offenes" Familienleben jedoch psychosozial bewältigt werden, wie sich Eheformen und nicht-eheliche Beziehungen, wie sich Fertilitätsstrategien und Sexualleben im historischen Alltagsleben gestalteten, das läßt sich quellenbedingt nur sehr schwer rekonstruieren. Abgesehen von den wenigen proletarischen Autobiographien [4: BROMME, Lebensgeschichte; 16: POPP, Jugendgeschichte; 145: LERCH, Sozialisation, 215 ff.], sind wir da vielfach auf indirekte Zu-

Generative Muster: Sexualität, Fertilität, Partnerwahl

gänge über die demographische Forschung und serielle Quellen angewiesen [154: SCHÜREN, Ungleichheit]. Daß sich dennoch Einblicke in dieses „Privatleben" eröffnen und sich Verhaltensmuster wie schichtspezifische Verhaltensunterschiede ermitteln lassen, zeigen Einzelstudien etwa zur Frage der Geburtenbeschränkung und Verhütung, die nachweisen können, daß vor dem Ersten Weltkrieg weniger als die Hälfte der Bauernfamilien, jedoch fast drei Viertel der Arbeiterfamilien mit antikonzeptionellen Methoden vertraut waren und diese auch anwandten [151: NEUMANN, Geburtenkontrolle, 196]. Die darauf gründende vielzitierte These von der „sexuellen Freizügigkeit" und dem Fehlen von „Scham- und Peinlichkeitsschwellen" im Arbeitermilieu bewegt sich freilich am Rande der Spekulation. Nachweisen läßt sich hingegen eine stärkere „Individualisierung der Partnerwahl" [156: SIEDER, Familie, 289], da in den Arbeiterfamilien weder Vererbungsstrategien möglich noch größere Kinderzahlen für häusliche Arbeiten nötig sind. Dennoch bleibt es weithin bei sozial geschlossenen Heiratskreisen – offenbar aus gutem Grund, da die gemeinsame „proletarische Sozialisation" die beste Gewähr dafür bietet, daß die besonderen Reproduktionsaufgaben des Familienlebens bewältigt werden können und auch eine gemeinsame Basis der Verkehrsformen, Kommunikationsstile und Werthorizonte besteht [53: KOCKA, Klassenbildung, 150 f.].

Insgesamt zeigt sich, daß die Familie der zentrale Ort und die soziale Schlüsselfigur der *kulturellen Tradierung* bleibt: Soziale Erfahrungen und Erwartungen, moralische Normen und Werte, rituelle und symbolische Praxen werden überwiegend dort vermittelt.

### 4.3. Familienrollen als Geschlechterrollen

Familienformen, darauf hat HAUSEN wohl am nachdrücklichsten hingewiesen, sind stets auch Ausgangspunkte der normativen Bestimmung von Geschlechterrollen und -beziehungen [141: Geschlechtscharaktere]. Nun treten diese *Geschlechtscharaktere* – ideologisch-biologistisch definiert als „natürliche Anlagen" und durch entsprechende wirtschaftliche und juristische Normen befestigt – keineswegs nur im Rahmen bürgerlichen Familienlebens und Rollendiskurses auf. Auch in den Bauern- und Arbeiterfamilien sind geschlechtsspezifische Verhaltensnormen systematisch festgelegt entlang den Achsen Familie–Beruf, privat–öffentlich, rechtsfähig–unmündig; sie schaffen auch hier – wenngleich weniger ideologisiert –

*Bürgerliche Geschlechterrollen oder partnerschaftliche Einstellungen?*

eine fast „feudale Abhängigkeit der Frauen von ihrem Ehemann"
[140: GERHARD, Verhältnisse, 15]. Auch wenn wenig Anlaß besteht,
„frühere Gesellschaftsformen als frauenfreundlicher darzustellen"
[139: FREVERT, Frauen-Geschichte, 10], gibt es gleichwohl Hinweise
darauf, daß in bestimmten Bereichen historischen Unterschichtenle-
bens offenbar doch ein weniger rigides Rollenverständnis vorhanden ist.

So wird bei der protoindustriellen Familie eine Tendenz zum
„Verschwinden der traditionellen Arbeitsteilung" und damit eine
gewisse „Austauschbarkeit" der Rollen festgestellt: Die hausindu-
strielle Arbeitsform konnte Frauen in die zentrale familiäre Produ-
zentenrolle rücken, während ihre Männer große Teile der Hausarbeit übernahmen [147: MEDICK, Haushalt, 280 f.]. Auch in anderen
Bereichen hat namentlich die demographische Forschung versucht,
im modernen Verhältnis der Geschlechter Momente „partnerschaftlicher Einstellungen" festzustellen, etwa anhand von Geburtenfol-
gen, von Stillzeiten der Mütter oder von Intervallen der Wiederver-
heiratung [143: IMHOF, Verlorene Welten, 107] – bislang allerdings
mit nur bescheidenen Erträgen. Auch im Blick auf die moderne Arbeiterfamilie bleibt die Vermutung umstritten, es gebe ausgeprägte
partnerschaftliche Einstellungen. Einerseits bestätigen Forschungen
an sozialgeschichtlichem oder autobiographischem Material, was
auch zeitgenössische Kritiker aus dem Lager der Arbeiter selbst im
Beziehungsmodell der Arbeiterfamilie beobachteten: Die Rollen
sind autoritär fixiert, Männer beteiligen sich kaum am Haushalt
und an der Aufzucht der Kinder, auch explizit „bürgerliche" Ideo-
logeme und Muster tauchen auf [145: LERCH, Sozialisation, 246 ff.].
Andererseits werden doch auch offenere, mehr kooperative Beziehungen festgestellt, wodurch manche pauschale Festschreibung
eines „proletarischen Antifeminismus" widerlegt scheint [139:
FREVERT, Frauen-Geschichte, 95]. Geklärt werden kann diese Kontroverse wohl erst durch genauere empirische Forschungen.

Widersprüchliche empirische Befunde

Was die Gegenwart anbelangt, wird ein Wandel der weiblichen
„Familienorientierung" hin zur „Persönlichkeitsorientierung" skizziert [156: SIEDER, Familie, 244]. In anderen Befunden indessen erscheinen die Bilder der Frau nach wie vor als zentriert auf die Familie und dominiert von Männern, und es werden konkretere Antworten auf die Frage gefordert, „welche individuelle Bedeutung
Frauen- und Männerbilder für die Ausbildung von Handlungsfähig-
keit in aktuellen Bedingungen des gesellschaftlichen Alltagslebens
haben" [137: DÖLLING, Frauen- und Männerbilder, 575].

## 5. Zwischen Haus und Fabrik: Kultur der Arbeit

Mit dem erweiterten Verständnis von „Kultur" und „Alltag" findet auch die Geschichte der Arbeit neue Aufmerksamkeiten und Perspektiven – auch weil die „Zukunft der Arbeit" im Gegenlicht ihrer Geschichte heute als zentrale Gegenwartsfrage erscheint. Vor allem die Erfahrungsweisen und Gestaltungsmöglichkeiten der Produzenten selbst stehen nun im Mittelpunkt, also die Arbeitstätigkeit und ihre kognitive Organisation, die Beziehungen und Kooperationsformen in der Produktionssphäre [195: TENFELDE (Hrsg.), Arbeit]. Arbeitserfahrungen, formuliert BRAUN, „bestimmen das Selbstwertgefühl, beeinflussen die Moral- und Wertvorstellungen, und selbst der umgangssprachliche Wortschatz wird von ihnen imprägniert" [160: Die Fabrik, 299]. Damit liegt die Betonung auf den Arbeitsprozessen selbst als *sozialen* Prozessen, in denen sich der säkulare Wandel von Einstellungen und Mentalitäten ausdrückt und die ihrerseits diesen Wandel wesentlich mit verursachen: Arbeit als „zentraler Akt des kulturschöpferischen Prozesses" [6: EMMERICH (Hrsg.), Lebensläufe I, 31].

Unterschichtskulturen als „Produzentenkulturen"    Historisch konstituieren sich in der Lebensweise der handarbeitenden und lohnabhängigen Klassen ohnehin ausgesprochene „Produzentenkulturen", Kulturen der *materiellen* Produktion und Praxis. Hier prägt der Arbeitsprozeß die familiären Tagesabläufe wie die Erholungsmuster, die Formen der Kindererziehung wie die Rollen der Geschlechter und Generationen [163: EHMER, Frauenarbeit]. Arbeitswerte wie Zuverlässigkeit, Pünktlichkeit, Erfahrung, Kooperationsfähigkeit werden zu Leitwerten des Alltagsverhaltens insgesamt, da die soziale Identität nur durch Arbeitsleistung und Sozialverhalten gesichert wird, nicht durch Statuszuschreibung qua Geburt, Besitz oder Bildung.

### 5.1. Die bäuerliche Familie als „Arbeitsgemeinschaft"

Als ein doppeltes System der „geschlechts- und altersspezifischen Arbeitszuordnungen" muß so auch zunächst die bäuerlich-vorindustrielle Produktionsfamilie aufgefaßt werden, als ein Ort der Arbeit wie der Verausgabung und zugleich der physischen Wiederherstellung wie der psychischen Erholung. Für die Zeit vom 18. bis ins frühe 20. Jahrhundert wird dabei festgestellt, daß sich für die übergroße Mehrheit der klein- und parzellenbäuerlichen Familien die soziale und technische Organisation der Arbeit nur wenig verän-

dert hat [56: MOOSER, Klassengesellschaft; 171: JEGGLE, Kiebingen].
Nach wie vor ist es physisch anstrengende, nur mit geringen mecha-
nischen Hilfen betriebene Handarbeit; eine Technisierung der
kleinbäuerlichen Landwirtschaft findet in begrenztem Rahmen erst
in der Zwischenkriegs- bzw. Nachkriegszeit dieses Jahrhunderts
statt [158: BECKER, Arbeit].

Vergleichsweise wenig wissen wir darüber, wie bei den großen,
zwischen der agrarischen und der gewerblichen Sphäre angesiedel-
ten Randgruppen der protoindustriellen Weber- wie industriellen     Forschungslücken
Arbeiterbauernfamilien jenes gleichzeitige Nebeneinander von        bei Rand- und
                                                                    Übergangsgruppen
„moderner" gewerblich-industrieller Produktion einerseits und von
„traditioneller" Landarbeit auf Kleinflächen mit meist vorsintflutli-
cher Technik andererseits erfahrungsmäßig koordiniert wird. Bei
protoindustriellen Gruppen zeigen sich offenbar bereits im 18. Jahrhundert deutliche, wenn auch keineswegs linear verlaufende „Mo-
dernisierungen" im Hinblick auf wirtschaftliche Handlungsmuster
wie soziale Interessenvertretung [96: MEDICK, Plebejische Kultur;
188: SCHÖNE, Bandweber, 10ff.]. Umgekehrt scheinen die Arbeiter-
bauern sich bis weit ins 20. Jahrhundert hinein noch eher als „bäuerliche" Produzenten zu orientieren, also ihre industrielle Arbeitserfahrung und Lohnorientierung nicht auf ihre agrarische Subsistenzwirtschaft und damit auch nicht auf ihren lebensweltlichen Kernbereich zu übertragen [168: HEINZE, Arbeiter-Bauern; 117: KA-
SCHUBA/LIPP, Dörfliches Überleben, 177–204]. In mancher Hinsicht
noch am Anfang steht schließlich die Erforschung des Arbeitslebens
der Landarbeiter [51: FLEMMING, Vergessene Klasse; 184: PLAUL,
Landarbeiter], des Gesindes [193: TENFELDE, Gesinde; 186:
SCHARFE, Gesinde] und des ländlichen Handwerks [190: SCHULTZ,
Landhandwerk].

Für die kulturelle Lebensorganisation all dieser Gruppen von
besonders identitätsstiftender Bedeutung sind die Arbeitsbräuche
und Feste als traditionelle Formen der Erholung wie der Selbstdarstellung als Produzenten [158: BECKER, Arbeit]. Volkskundliche Untersuchungen stehen dabei freilich immer wieder vor dem Problem,
wie die im Zuge des 19. Jahrhunderts wachsende Ideologisierung
und „Folklorisierung" des dörflich-ländlichen Brauchtums zu do-
kumentieren und zu interpretieren ist. Viele vorgeblich „alte" For-     Die „Erfindung"
men erweisen sich bei näherer Betrachtung in „Ausstattung und In-       von Traditionen
szenierung" als Ergebnis einer „operettenhaften Erfindungsgabe"
[253: K.-S. KRAMER, Endphase, 140 f.] oder als künstliche Wiederbelebung historisch zumindest unterbrochener Traditionen. Die bür-

gerliche Kultur- und Traditionspflege hinterläßt da früh ihre Spuren.

Zur Gegenwart des Arbeitsplatzes „Landwirtschaft" und damit zur Frage nach der Kontinuität bäuerlicher Arbeitskultur und familiärer Arbeitsrollen fehlen mit Ausnahme einiger agrarsoziologischer Untersuchungen bedauerlicherweise neue Forschungen [170: INHETVEEN/BLASCHE, Frauen; 126: PLANCK, Landjugendliche].

### 5.2. Handwerkliche Arbeitswelt als Lebenswelt

Über die jüngere Handwerksgeschichte liegen hauptsächlich Erkenntnisse vor, die sich auf den kleingewerblichen Strukturwandel im 18. und 19. Jahrhundert beziehen: auf frühindustrielle Entwicklungen des Gewerberechts und der staatlichen Gewerbereformen [191: SEDATIS, Liberalismus], auf die Zunftorganisation und ihre allmähliche Dekorporierung [35: LENGER, Sozialgeschichte], auch auf die handwerklichen Feste und Arbeitsbräuche [108: WEINHOLD (Hrsg.), Volksleben]. Dagegen ist der Kernbereich der Arbeitskultur, also die Organisation und Interaktion in den Werkstätten, die Beziehungen zwischen Meistern und Gesellen wie zwischen den Gesellen untereinander, bislang eher unausgeleuchtet geblieben.

Immerhin verdeutlicht GRIESSINGER am vorindustriellen Handwerk und an dessen inneren Ordnungssystemen und Konflikten, wie heftig hier bereits die Gestaltung des Produktionsbereichs zwischen den Meistern und Gesellen umkämpft ist [166: Kapital]. Für den Übergang zur Industrialisierung untersuchen andere Studien das Spannungsverhältnis zwischen dem Zunfthandwerk und den sich etablierenden kapitalistischen Markt- und Produktionsgesetzen [200: ZERWAS, Arbeit], wobei wiederum die „defensiven" wirtschaftlichen wie sozialmoralischen Grundeinstellungen im Handwerk betont werden: Nicht Gewinn, sondern Auskommen, nicht individuelle Leistung und Konkurrenz, sondern familiäres und gruppenbezogenes Handeln gelten als verpflichtende Leitwerte des Alltagshandelns. Mit der Etikette „konservativ" – etwa im Blick auf äußerlich „technikfeindliche" oder gar „maschinenstürmerische" Haltungen – wird man dabei heute aber wohl vorsichtiger umgehen als noch vor Jahren.

Eigener Moral- und Ehrenkodex

Insofern diese Arbeitswerte stets auch qualitative *Lebenswerte* wie Ehr- und Statusbegriffe verkörpern, entfalten sie im Rahmen einer eigenen „Binnenmoral" (MAX WEBER) und einer moralischen Ökonomie zentrale lebensweltliche Orientierungfunktion: Arbeit

wird „zur Erfüllung einer moralischen Verpflichtung und zum In-
strument der Selbstbestätigung erhoben" [196: THAMER, Arbeit, 473].
Deshalb auch die besondere symbolische Betonung der handwerkli-
chen Riten, Zeremonien und Umzüge: Durch die inszenatorische
Überhöhung wird der innere Zusammenhalt bestärkt und die
Außendarstellung der Berufsgruppe bestätigt [166: GRIESSINGER,
Kapital, 101 ff.].

Andererseits wird der handwerkliche Lebensstil spätestens von
der Mitte des 18. Jahrhunderts an in einem langgezogenen Wandlungsprozeß gesehen, der längst keinen hermetisch abgeschlossenen
Raum des „alten" Handwerks mehr zuläßt, sondern fließende
Übergänge schafft zum Verlagssystem, zum unzünftigen Kleinge-
werbe, später dann zur industriellen Produktion. In Gewerben wie     Eindringen kapita-
dem Bauhandwerk machen sich, wie RENZSCH gezeigt hat, unüber-          listischer Elemente
sehbar kapitalistische Verkehrsformen breit [298: Handwerker,
35–69], entwickeln sich vielfältige Übergangsformen vom Gesellen-
zum Lohnarbeitertypus [286: KASCHUBA, Gesellen-Arbeiter]. Verstärkt tritt nun „der Konflikt über Löhne und Arbeitszeit in den
Vordergrund" der innerhandwerklichen Themen [53: KOCKA, Klassenbildung, 98]: Lohnfragen und Arbeitsvertragsprobleme, die Los-
lösung vom Meisterhaushalt, die Entwicklung von Lebensentwürfen
und Familienperspektiven für „lebenslange" Gesellen [65: ZWAHR,
Konstituierung, 126 f.]. Hier sieht die Forschung auch den zentralen
Orientierungskonflikt in der Frage, inwieweit die soziale Lage von
den Produzenten selbst noch vor einem branchenspezifischen
Handwerkshintergrund oder bereits vor einem neuen klassenmäßi-
gen Lohnarbeitshorizont gedeutet wird [280: EHMER, Rote Fahnen].

## 5.3. Fabrikdisziplin und industrielle Arbeitskultur

In den letzten Jahren begann endlich eine systematischere Un-
tersuchung der Rekrutierung, der beruflichen Qualifikation und der
Entlohnungssysteme der Industriearbeiterschaft, um einen klareren
Blick auf wirtschaftliche Rahmenbedingungen, auf soziale Lagen
und Gruppenprofile zu erhalten [28: CONZE/ENGELHARDT (Hrsg.),
Arbeiter; 59: POHL (Hrsg.), Lage der Arbeiter; 195: TENFELDE
(Hrsg.), Arbeit]. Und inzwischen finden verstärkt Fragen nach der
„Innenseite der Arbeit" und der „Innenwelt der Fabrik" ihre Auf-     Die „Innenwelt"
merksamkeit. Einerseits geht es dabei um Arbeitsabläufe und Ar-       der Fabrik
beitsfertigkeiten, um Modalitäten der Kooperation, der Maschinenarbeit und der innerbetrieblichen Rationalisierung. Andererseits –

und dies scheint kultur- wie sozialgeschichtlich bedeutsamer – interessieren zunehmend die innerbetrieblichen Hierarchien und Gruppenstrukturen, die Kommunikationsformen und symbolischen Ordnungen der Arbeiterinnen und Arbeiter, besonders das Spannungsverhältnis von organisiertem, reglementiertem Produktionsablauf und den kleinen Formen der „Selbstbestimmung" durch Verstöße gegen die Fabrikordnungen [175: LÜDTKE, Arbeitsbeginn]. Denn hier beginnt der moderne Konflikt um die Durchsetzung einer völlig neuen *Produktivität* der Arbeit und um die *Legitimität* betrieblicher Herrschaft und industrieller Disziplin als Kampf „gegen Absentismus, Disziplinlosigkeit, Ungehorsam, Trunkenheit und Schmutz" [199: WIRTZ, Die Ordnung, 64].

MACHTAN weist darauf hin, daß schon der frühindustrielle Industriebetrieb noch ohne gewerkschaftliche Organisationsformen und „trotz der formaljuristisch garantierten Einseitigkeit privatkapitalistischer Weisungsbefugnis als Sphäre einer mehr oder weniger permanenten, mehr oder weniger offenen Auseinandersetzung zwischen *unterschiedlichen* Ökonomien, Moralvorstellung, Bedürfnissen, Gewohnheiten und Ansprüchen verstanden werden muß" [177: Innenleben, 185]. Allgemeine Verhaltens- und Diziplinregeln zwängen das Fabrikleben zwar in ein enges Korsett betrieblicher Hierarchie und Herrschaft, zwangsläufig jedoch müssen die konkreten Arbeitsverrichtungen und ihre Organisation noch weithin der empirischen Arbeitskompetenz der Produzenten überlassen bleiben.

### 5.4. Identität durch Arbeit

Konsequenterweise zielt diese Beschäftigung mit den sozial und kulturell vielfach antagonistischen Wirkungen kapitalistischer Arbeitsverhältnisse letztlich auf die Frage nach der *Arbeitsidentität*. Dabei werden ältere Fragestellungen namentlich MAX WEBERS neu aufgenommen, etwa die nach der Umwandlung „traditionaler" Bedürfnisstrukturen in „moderne" Arbeitsethiken bzw. die nach der industriegesellschaftlichen Neukonstitution von Arbeitsethos und sozialer Identität [197: VOLMERG, Identität]. So zeigt sich das Selbstverständnis industrieller Produzentengruppen in besonderer Weise bestimmt durch die Fähigkeit zu anstrengender körperlicher Tätigkeit, durch die Kompetenz der Arbeits- und Kooperationserfahrung und durch das „Wissen um die eigene, auf körperlicher Arbeit beruhende Produktionsleistung" [65: ZWAHR, Konstituierung, 113]. An diese fast anthropologisch anmutenden Wertekonstanten knüpfen sich feste Begriffe von „Erwachsensein", von „Selbständigkeit", von „Ehre", also intersubjektiv überprüfbare Bestimmungen sozialer Haltungen und Selbstwertgefühle, deren Geltung industriesoziologische Untersuchungen bis heute verfolgen können und die der Fremdbestimmung der Arbeit entgegenstehen [173: KERN/SCHUMANN, Industriearbeit, 252–266]. Körperliche Arbeit prägt soziale Identität bis heute

Wie früh sich hier ein durchgängiges Spannungsverhältnis zwischen Reglementierung und Eigenständigkeit herstellt, zeigt sich bei der großen Sondergruppe der Bergarbeiter, deren z.T. vorindustrielle, über Generationen gewachsene Berufskultur und deren besondere Arbeitsorganisation „im Berg" offenbar doch bestimmte Momente eigener Arbeitskompetenz und Selbstorganisation zu bewahren vermag [161: BRÜGGEMEIER, Leben vor Ort, 92–141; 302: STEFFENS, Autorität, 152ff.]. Ihre gefestigten sozialen Milieus können sehr viel früher als die anderer Arbeitergruppen aktive und kollektive Gestaltungsformen der materiellen Lebensbedingungen wie der sozialen Lebensformen entwickeln, eigene Strukturen „der selbständigen Interessenartikulation und stabilen Organisation" [63: TENFELDE, Bergarbeiterschaft, 22].

Insgesamt jedoch wird der Neuaufbau einer *sozioprofessionellen* Identität zum Zentralproblem der ersten Industriearbeitergeneration. Dabei fördern Untersuchungen der frühindustriellen Eingewöhnung in die Fabrik gerade bei qualifizierten Arbeitern oft ein scheinbar widersprüchliches Verhalten zutage: einerseits formelle Übertretungen und demonstrative Mißachtungen der Fabrikordnung, andererseits im unmittelbaren Vollzug des Arbeitsprozesses eine genau entgegengesetzte Orientierung an Werten wie Pünktlichkeit, Zuverlässigkeit sowie an einer nicht fabrik-, sondern gruppenorientierten Arbeitsdisziplin [177: MACHTAN, Innenleben; 185: RUPIEPER, Arbeiter, 99ff.]. Offenbar findet hier die Auflehnung gegen die abstrakt vorgegebenen Ordnungsnormen ihr Gegengewicht in der Identifizierung mit der konkreten sozialen Arbeitssituation. Dabei spielen auch jene gemeinsamen Erfahrungsparameter der handwerklichen „Welt der Handarbeit" noch eine Rolle, die als Grundregeln einer gemeinschaftlich-verantwortlichen Ressourcennutzung und Arbeitsordnung der Berufsgruppen wie der Familien erhebliche normative und selbstdisziplinierende Kraft besaßen. Traditionales Arbeitsethos

Rein äußerlich korrespondieren diese tradierten Arbeitsnormen zwar mit den „bürgerlichen Tugenden" wie Ordnung, Pflichtbewußtsein und Sparsamkeit, die auch dem Fabrikarbeiter abverlangt werden. Doch generieren sie sich deutlich aus einem ganz anderen Kontext: nicht aus dem Zusammenhang ökonomischer Verwertungsinteressen und sozialpolitischer Ordnungsvorstellungen, sondern aus dem Erfahrungsraum und dem „spezifischen Arbeitsethos" der vorindustriellen Volkskultur [160: BRAUN, Die Fabrik, 349].

Fabrikdisziplin läßt sich jedoch nicht allein durch Disziplinierung innerhalb der Arbeitssphäre erreichen. Zu den Normen und Zwängen müssen sich positive Bindungs- und Identifikationsangebote hinzugesellen, die über die Arbeitskraft und die Arbeitsweise hinaus den Menschen selbst und seine Lebensweise in diese *Industriekultur* einbeziehen [165: GLASER, Maschinenwelt]. Auch dies wird in einzelbetrieblichen Untersuchungen als fester Bestandteil des Erziehungsprogramms herausgearbeitet: die Einrichtung von Betriebssparkassen, von ersten betrieblichen Sozialeinrichtungen, von kommunalen oder werkseigenen Arbeitersiedlungen bereits ab den 1850er Jahren. Neben allen sozialreformerischen und humanitären Überlegungen besteht ihr Zweck stets auch darin, festere Bindungen einer Stammbelegschaft zu schaffen, persönliche Identifikationen mit dem Betrieb.

Geschickt spekulieren diese ersten Modelle der „Betriebsfamilie" und eines fürsorgenden „Industriepatriarchalismus" auch auf traditionelle Muster bäuerlicher und handwerklicher Gruppenidentität. Sie kopieren jenes alte Prinzip der arbeits- und lebensweltlichen Einheit gewissermaßen um in den umfassenden Plan einer industriellen Reißbrett-Lebenswelt, in der gleichzeitig zum „Wohlverhalten am Arbeitsplatz" und zur „geordneten Haushaltung" erzogen wird [222: SCHOMERUS, Wohnung, 230]. Es ist ein Integrationskonzept, das auf einer Mischung von materiellen und kulturellen Identifikationsangeboten aufbaut und à la longue weiterführt zur „Werksgemeinschaft", zur „Betriebsfamilie" – wenn man so will, zu heutigen Konzepten der „Unternehmenskultur" [169: HINRICHS, Seele des Arbeiters].

## 5.5. Proletarische Körpererfahrung und Körpersprache

Alle Studien zur industriellen Arbeitskultur charakterisieren sie deutlich als eine „Männerkultur", in der den Ausdrucksformen physischer Leistungsfähigkeit und Körperkraft ein ebenso hoher Repräsentationswert zukommt wie den Gesten und Sprachcodes „männlicher" Kommunikation und Interaktion. Schon in den frühen Arbeiterautobiographien spielt dieses Moment der Körperlichkeit eine wesentliche Rolle bei der Schilderung von Arbeitsvorgängen oder von den oft wenig zarten Scherzen und Rempeleien unter Kollegen [8: GÖHRE, Fabrikarbeiter; 26: TUREK, Prolet; 6: EMMERICH (Hrsg.), Lebensläufe].

Körperverhalten, bezogen auf technische Arbeitsvorgänge wie auf soziale Gruppenkonfigurationen, erweist sich so als entscheidendes Gestaltungsmoment der Symbolsprache der Arbeitskultur wie der Arbeiterkultur [172: KASCHUBA, Symbolische Ordnungen]. Im Unterschied zur englischen oder italienischen Sozial- und Kulturgeschichte übersieht man in der westdeutschen Geschichtsschreibung noch gerne, wie wichtig diese Körperlichkeit ist als ein besonderer kultureller Modus, der soziale Beziehungen in der eigenen Form „proletarischer Kollegialität" ausgestaltet [176: LÜDTKE, Qualitätsarbeit; 99: MÜHLBERG, Proletariatsforschung].

Körpersprache als symbolische Kommunikation

Mikrostudien entziffern solche Interaktionsfiguren und Spielereien sogar als ausgesprochen aktive Gestaltungselemente des Fabrikalltags. Denn darin werden bestimmte Produktionstätigkeiten und die entsprechenden technisch-ökonomischen Verhaltenszwänge unmittelbar konterkariert durch „subjektive" sozialkulturelle Verhaltensbedürfnisse, die in eine diametral entgegengesetzte Richtung weisen: hin auf Erholung, Entspannung, Gespräche, Kontakte während der Arbeit [199: WIRTZ, Die Ordnung, 64f.]. All das folgt einem Konzept sozialer Selbstvergewisserung, dessen zentrale Medien die Körpererfahrung und die Körpersprache sind [189: SCHOLZ, Arbeiterselbstbild]. Durch sie läßt sich das Gefühl mentaler Übereinstimmung in der Kollegengruppe verbinden mit der immer wieder neu zu prüfenden Fähigkeit, die Maschine zu beherrschen, den Arbeitsprozeß zu bewältigen, ihn in bestimmten Abläufen gar scheinbar individuell kontrollieren zu können. Dies trägt – so die plausible These – wesentlich „zur Gewöhnung an die wie auch zur Abänderung von fremdbestimmter Arbeitsorganisation" bei [177: MACHTAN, Innenleben, 208]. In *einer* Verhaltensfigur verschränken sich dabei symbolische Abwehr- und Anpassungsstrategien, die sich in vielen Varianten durch die gesamte Industriegeschichte bis in heutige Fabrikhallen ziehen [164: GÉROME, Billancourt].

Quellenmäßig ist dieses konflikthafte „Innenleben" der Fabriken für das 19. Jahrhundert nicht einfach zu erschließen, weil weniges davon seinen schriftlichen Niederschlag in Unternehmens- und Behördenakten oder in Lebenserinnerungen fand. Immerhin gibt es bereits eine Reihe von Studien zu den alltäglichen Konflikten um Arbeitszeit und Arbeitspausen [106: THOMPSON, Plebeische Kultur,

Forschungen zum innerbetrieblichen Konfliktverhalten

35–66; 175: LÜDTKE, Arbeitsbeginn], um Rauchen und Alkoholkonsum [268: ROBERTS, Drink; 236: BIMMER/BECKER (Hrsg.), Alkohol] oder um Bummelei, Absentismus, „Blauen Montag" und das „Krankfeiern" [162: CASPARD, Die Fabrik; 266: REULECKE, Arbeiterurlaub]. Auch zu allgemeineren Fragen der sozialen und kulturellen Ausgestaltung industrieller Produktionsverhältnisse liegen inzwischen materialreiche Untersuchungen vor, die teils Entwicklungen der Fabrikorganisation und der Arbeitsabläufe betreffen [174: KUGLER, Fließband; 165: GLASER, Maschinenwelt], teils den proletarischen Lebenslauf und die innerbetriebliche Hierarchie [185: RUPIEPER, Arbeiter; 61: SCHOMERUS, Maschinenfabrik], vereinzelt bereits auch die geschlechtsspezifischen Bedingungen von Industriearbeit [192: STOLLE, Arbeiterpolitik]. Zeitlich ist dabei wohl die Periode der Hochindustrialisierung von den 1880er Jahren bis zum Ersten Weltkrieg am besten erschlossen.

Einen thematisch wie methodologisch besonders interessanten Weg hat zweifellos das Projekt „Lebensgeschichte und Sozialkultur im Ruhrgebiet 1930 bis 1960" eingeschlagen, das die lebensweltliche wie lebensgeschichtliche Bedeutung solcher „Kultur der Arbeit" anhand von Erinnerungen und Interviews dokumentiert und analysiert [183: NIETHAMMER/v. PLATO (Hrsg.), Andere Zeiten]. In ähnlicher Weise widmen sich auch die neueren Forschungen zur Geschichte der Frauenarbeit in Industrie wie Haushalt dieser besonderen Perspektive, indem sie vor allem die Zusammenhänge von produktiver und reproduktiver Tätigkeit und die Widersprüche zwischen sozialen Rollen und geschlechtsspezifischen Erfahrungen aufsuchen [181: NIENHAUS, Berufsstand; 180: MÜLLER/WILLMS/ HANDL, Strukturwandel; 159: BEIER, Frauenarbeit]. Damit rückt der Zusammenhang von Lebensgeschichte und Arbeitsidentität fast zwangsläufig in den Mittelpunkt des Erkenntnisinteresses. Auf Darstellungen zum gewerkschaftlichen Kampf um Arbeitsbedingungen und Arbeitsschutz sei hier nur summarisch verwiesen [178: MATTHIAS/SCHÖNHOVEN (Hrsg.), Solidarität].

*(Marginalie:)* Geschichte der industriellen Frauenarbeit

# 6. Bedarf und Bedürfnisse: Wohnung, Kleidung, Essen

Auf der Ebene der Grundbedürfnisse wird die Entwicklung der materiellen Reproduktion der Unterschichten heute entlang einer Linie gezeichnet, die vom unteren Niveau einer „Notkultur" der

Vor- und Frühindustrialisierung über eine proletarische „Ökonomie des Notbehelfs" allmählich aufsteigt zu einer stärker bedürfnisorientierten, wenngleich noch mit vielen existentiellen Unsicherheiten behafteten Lebensführung. Im neueren Verständnis gehören zu dieser materiellen Kultur über den engeren Bereich der Nahrung, des Wohnens und der Kleidung hinaus auch Formen des demonstrativen Konsums und des „kleinen Luxus" als besondere kulturelle Akzentuierungen von Lebensstil und Sozialstatus.

An die Stelle einer überwiegend *objektfixierten* Innovations- und Diffusionsforschung, also einer nur äußerlichen Untersuchung der Ausbreitung von Konsummustern, ist zudem eine *kulturanalytische* Perspektive getreten. Einerseits wird nach der sozialen Zeichenfunktion materieller Güter im Hinblick auf klassenspezifische Selbstverständnisse, Beziehungen und Konflikte gefragt [68: Assion, Kultursoziologie]; andererseits soll „aus detaillierten Studien über die Wandlung der Hauptbestandteile der materiellen Kultur der Massen" ein genauerer Einblick in die sozialkulturellen „Triebkräfte der Industrialisierung allgemein" erschlossen werden [218: Sandgruber, Konsumgesellschaft, 16].

*Kulturanalyse statt Objektforschung*

## 6.1. Wohnräume und Wohnstile

Wohnformen werden als unmittelbarer Ausdruck sozialkultureller Lebensformen betrachtet, gebunden an die Figurationen des Arbeits- und Familienlebens, wie sie umgekehrt wiederum eine wesentliche räumlich-materielle Voraussetzung bilden für deren jeweilige Aus- und Umgestaltung [226: Teuteberg (Hrsg.), Homo habitans].

Selbst im ländlich-dörflichen Bereich mit seinem langsameren Wachstums- und Wandlungstempo wird dieser Zusammenhang augenfällig. Die Dynamik des Hausbaus und der Veränderungen in der Wohnkultur korrespondiert auch dort eng mit dem Verlauf von Industrialisierung und Agrarkonjunkturen wie mit dem Wandel der Familienformen und Bedürfnisstrukturen. Während bei den größeren Bauern mancher Regionen bereits im 18. Jahrhundert verstärkte Bau- und Umbauaktivitäten festzustellen sind, allmählich auch ein „Austauschprozeß von Altmobiliar und Innovationsgegenständen" [214: Mohrmann, Wohnverhalten, 437 f.], läßt sich Entsprechendes im Bereich der unter- und kleinbäuerlichen Schichten erst um die Mitte des 19. Jahrhunderts nachweisen. Da trägt eine Welle kleinhäusiger Bauten den Veränderungen der Agrarproduktion Rech-

*Differenzierung ländlicher Wohnformen*

nung: dem geringeren Raumbedarf der Nebenerwerbswirtschaft und der Stallviehhaltung, der allmählichen Trennung von Stall- und Wohnbereich und einer Ausdifferenzierung der Wohnstrukturen und -funktionen. An Stelle der „Allzweckstube" finden sich vereinzelt schon getrennte Koch-, Wohn- und Schlafbereiche, mitunter selbst im kleinbäuerlichen Bereich ein „Repräsentationszimmer" [218: SANDGRUBER, Konsumgesellschaft, 332 ff.].

Damit entsteht in vielen Dörfern etwas, was in diesem Umfang jedenfalls neu ist: ein unterbäuerliches Wohnmilieu um die wachsende Zahl der Seldner- und Taglöhnerhäuser, die sich nun zu den älteren Kleinbauten der hausindustriellen Spinner- und Weberfamilien hinzugesellen. Mit dieser räumlichen Ausweitung und Festigung des unterbäuerlichen Milieus entfaltet sich in der Industrialisierung vielfach erst jene Gruppenidentität der dörflichen „Armut", die den ländlichen „Verteilungskampf" um Sozialleistungen, Steuern und Gemeindeland überhaupt wagen und tragen kann.

Trotz dieser Bautätigkeit, trotz neuer Materialien und Bauformen, die zur Ablösung der alten Holzbauweise und allmählich zu einer buchstäblichen „Versteinerung" des Dorfes führen, auch trotz differenzierterer Wohnvorstellungen bleibt die Wohnsituation indessen noch ausgesprochen eng. Soweit sich Nutzungsformen exakt rekonstruieren lassen, zeigt sich, daß immer noch mehrere Personen in einem Raum zusammen leben und schlafen. Außer einem Tisch und einigen Bänken oder Stühlen gibt es wenig Mobiliar; Bettstellen etwa oder Kästen und Schränke sind noch längst nichts Selbstverständliches, Bilder als Wandschmuck gar oder wirkliches Tafelgeschirr bleiben eine Rarität [202: BAUMGARTEN, Bauernhaus].

Ein wissenschaftlich wie gesellschaftspolitisch wesentlich stärker beachtetes Thema ist spätestens seit dem Kaiserreich die „Arbeiterwohnungsfrage". Angesichts von Industrialisierung und Urbanisierung und vor allem angesichts der sozialen Klassenbildungsprozesse und der Entstehung der Arbeiterbewegung wurde sie als ein wichtiger Seitenaspekt der „sozialen Frage" ausgemacht: die Wohnsituation der Arbeiter als ein Parameter für deren Integration in Staat, Gesellschaft und bürgerliche Lebensformen. Dennoch bekennt die neuere Forschung, daß das Verständnis der proletarischen Wohnformen als Lebensformen mit ganz eigener Beziehungsstruktur noch eher oberflächlich ist, daß die vielgestaltigen Miet- und Untermietverhältnisse noch sehr viel genauer als ein komplexes Netzwerk räumlich-sozialer Beziehungen rekonstruiert werden müssen.

*Die Arbeiterwohnung als Ausdruck einer Lebensform*

Solange die materiellen Voraussetzungen fehlten, war das ver-
breitete Untermiet- und Bettgänger-Verhältnis in den Arbeiterwoh-
nungen in gewissem Sinn die Fortsetzung des vorindustriellen „ganzen Hauses" [207: EHMER, Wohnen, 134]. Zwar hängt die daraus
entstandene „halboffene" Struktur der Arbeiterfamilie im Kaiserreich nicht mehr mit der Produktionsfunktion des alten bäuerlichen
und handwerklichen Haushaltes zusammen, doch ist – abgesehen
von kleinen Facharbeitergruppen – ihr Wohnraum noch in durchaus ähnlicher Weise überfamiliär und „öffentlich" organisiert [216:
NIETHAMMER/BRÜGGEMEIER, Arbeiter im Kaiserreich, 122 f.].

Die verschiedenen teils zeit-, teils regionalgebundenen Typen
des Arbeiterwohnens von den ländlichen oder vorstädtischen Arbeiterkolonien mit Gartenanteil bis hin zur großstädtischen Mietskaserne sind mittlerweile vielfältig dokumentiert [208: GEIST/
KÜRVERS, Mietshaus; 204: BIECKER/BUSCHMANN (Hrsg.), Arbeitersiedlungen; 215: NIETHAMMER (Hrsg.), Wohnen]. Seit der Mitte des
19. Jahrhunderts geht die Tendenz im kommunalen, im privaten wie
im Werkswohnungsbau – parallel zur Konzentrationsbewegung der
Industrie – hin zur konzentrierten Wohnanlage des großen Miets-
hauses, in dem die Normwohnung dann bis in dieses Jahrhundert
meist bedeutet: Küche mit einem Zimmer, eventuell noch eine
Kammer, alles in allem kaum 30 qm, dabei keine Innenwasserver-
sorgung und das Klosett über den Hof [232: WISCHERMANN, Woh-
nen]. Also: Leben in der Wohnküche, keine Trennung zwischen Generationen und Geschlechtern und keinerlei Privatsphäre, spärli-
ches Mobiliar, außer Eß- und Schlafstellen kaum ein Platz zum
Aufenthalt [228: TEUTEBERG/WISCHERMANN (Hrsg.), Wohnalltag;
20: SAUL et al. (Hrsg.), Arbeiterfamilien; 7: FLEMMING/SAUL/WITT
(Hrsg.), Familienleben].

Einig sind sich alle Untersuchungen darin, daß sich diese Situation proletarischer Wohnungsnot von der Mitte des 19. Jahrhunderts bis in die Zwischenkriegszeit nicht grundsätzlich verändert
hat, trotz deutlicher Lohnsteigerungen und Vergrößerungen der
städtischen Wohnraumkapazität [220: SCHILDT/SYWOTTECK (Hrsg.),
Massenwohnung, 18 ff.]. Nicht alle Ursachen dafür sind hinlänglich
klar: Zwar kann man die permanent steigenden Mieten eines sich
kapitalisierenden Wohnungsmarktes bei wachsender Nachfrage als
Hauptfaktor ausmachen, die wiederum den Zwang zur Bett- oder
Untervermietung nach sich ziehen, um die familiären Grundkosten
zu senken. Doch bleibt vor allem noch umstritten, welcher Wert von
den Arbeiterfamilien selbst der Wohnqualität beigemessen wird.

Wohnungsnot und Wohnstandard

SANDGRUBER vermutet, daß zur Unerschwinglichkeit besserer Wohnungen und zur hohen Fluktuation, die den Wohnstandard zwangsläufig niedrig halten, auch eigene Bedürfnismotive der Arbeiterfamilien hinzukommen: die Neigung zum Kauf von Konsumgütern mit „modernem" Prestigewert wie gußeiserne Sparherde, Spiegel, strapazierfähigeres und dazu geschmackvolleres Geschirr [218: Konsumgesellschaft, 368 ff.]. Untersuchungen von SCHOMERUS deuten zumindest teilweise in ähnliche Richtung: „Investition" in Konsum- und Ausstattungsgegenstände wie Möbel, Uhren, Bilder, die einerseits Statuswert besitzen, andererseits auch Sparfunktion, da sie bei Arbeitslosigkeit oder Altersverarmung notfalls im Leihaus wieder zu Geld gemacht werden können [222: Wohnung, 214 ff.]. Angesichts der Unmöglichkeit einer entscheidenden qualitativen Verbesserung der Wohnsituation und des häufigen Wohnungswechsels wird einer Erhöhung der Grundkosten offenbar ein flexibleres, konsum- und bedürfnisorientiertes Budgetverhalten vorgezogen, das sich dann zu einer langfristigen Grundeinstellung ausformt.

Auch sozialpolitisch konzipierte Massenwohnungsbau- und Wohneigentumsprogramme oder gar „industrielle" Einrichtungsstile und „funktionalistisches" Bauen können an solchen Orientierungen – wie auch an der Wohnungsnot – wenig ändern [217: v. SALDERN, Neues Wohnen]. SCHILDT und SYWOTTECK weisen vielmehr darauf hin, daß „der Wohnungsbau in seinen Akzentuierungen" bis in die Zeit des Nationalsozialismus ohnedies „eher wirtschaftlichen Wechsellagen als politischen Impulsen" gefolgt sei [220: Massenwohnung, 24]. Jedenfalls gilt wohl, daß eine eigene Mietwohnung allein für die Familie bei der Mehrheit der Nicht-Facharbeiter erst um die Wende ins 20. Jahrhundert zu einem realistischen Lebensziel wird. Und erst in den 1960er Jahren ermöglicht die kombinierte Wirkung von staatlichen Finanzierungshilfen und Reallohnzuwächsen auch eine breitere Bildung von Wohneigentum in Arbeiterhand [57: MOOSER, Arbeiterleben, 83].

Im Blick auf soziale Einrichtungsstile macht die geringe Variationsbreite im Wohnungsmobiliar der Unterschichten die Erforschung prägnanter historischer Veränderungen in der „Grundausstattung" schwierig. Gerade beim Wohnen der Arbeiter scheint es noch keineswegs gelungen, jene signifikanten Objekte der Sachkultur um Sofa und Kanapee, um Spiegel und Nachttisch zu bestimmen, an denen sich im Sinne zuverlässiger Indikatoren eine Modernisierung der Wohnkultur und bestimmter „Repräsentationsträger" systematisch ablesen ließe [210: HÖHER, Wohnausstattung, 328]. Da-

*(Marginalien:)*
Begrenzte Wirkung öffentlicher Wohnbaupolitik

Wohnstile und Lebensstile

bei zeigen Forschungen zu schichtspezifischen Einrichtungsstilen der Gegenwart [230: TRÄNKLE, Wohnkultur; 209: HERLYN, Wohnverhältnisse], welch wichtige Aufschlüsse sich aus der Wohnweise als dem Schnittpunkt von individueller Konsumtionsfähigkeit, von industrieller Produktionstechnik und von sozialer Geschmacksbildung ergeben über die Habitualisierung von sozialen Kulturstilen insgesamt.

### 6.2. Kleidung zwischen Tracht und Mode

In vielleicht noch stärkerem Maße fungiert Kleidung als kultureller Indikator, weil sie im Rahmen der Gesamtkultur dasjenige Segment bildet, das durch die Industrialisierung am raschesten und tiefgreifendsten verändert wird. In sehr kurzer Zeit erfolgt hier der Wechsel von – nach Material, Herstellung, Schnitt, Farbe und Repräsentationswert – „regionaler" trachtenhafter Kleidung zur fabrikmäßig produzierten und regional unspezifischen Baumwollkleidung, also zu moderner Massenkonfektion und Mode.

Mit der Trachtenforschung hat sich insbesondere die Volkskunde beschäftigt. Jenseits alter Volkstracht-Ideologien begreift sie „Tracht" heute – soweit dieser Begriff in der „Kleidungsforschung" noch benutzt wird [205: BÖTH, Kleidungsforschung, 162] – als einen einfachen historischen Wirkungszusammenhang: als regionale Kleidungstradition, basierend auf eigenen Rohstoffen, teilweise selbst versponnen und verwebt, von Handwerkern gefärbt und verarbeitet, als Kleidungsset dann koordiniert in einem Kanon regionaler und sozialer Farben und Schnitte. Bestimmte Kleidungsstücke und Signalfarben bezeichnen Stand, Geschlecht und Alter im Sinne von Ordnungs- und Symbolfunktionen.

Daß dieser Funktions- und Sinnzusammenhang sich Ende des 18. Jahrhunderts in seinen ökonomischen, sozialen und kulturellen Begründungen allmählich auflöst, parallel zu den auslaufenden Kleiderordnungen der ständischen Gesellschaft, die den Aufwand einst ökonomisch begrenzt und sozial differenziert halten sollten – das bedeutet das Ende der traditionellen Alltagskleidung, noch nicht jedoch das Ende einer nun zur Tradition stilisierten „Tracht" [206: DENEKE, Modernisierung]. Deren Rückzugsgefechte reichen bis weit ins 19. Jahrhundert hinein: Teils lassen sie sich im Sinne einer symbolischen Abwehr gesellschaftlicher Modernisierung interpretieren, etwa als Identitätsabzeichen seßhafter bäuerlicher Gruppen gegenüber dem modernen Konsumstil von hausindustriellen

*Tracht und Kleiderordnung*

und Arbeiterfamilien; teils stehen sie bereits unter den umgekehrten Vorzeichen eines ökonomischen Kalküls, das die Werbewirksamkeit von Trachten auf dem Markt bereits erstaunlich früh erkennt und sie bewußt als bäuerliches „Warenzeichen" einsetzt [212: KÖNENKAMP, Vierlande, 113 ff.].

In ethnographischen Untersuchungen wird dieser „Kampf" zwischen Tracht und Mode als ein Indikatorensystem betrachtet, welches besonders die inneren Veränderungen von Reproduktionsstruktur und Lebensweise anzeigt. Es vermag Auskünfte zu geben über die allmähliche Auflösung von subsistenzwirtschaftlicher Autarkie in Marktbezug und Bargeldnexus, von patriarchalischer Familienstruktur in größere innerfamiliäre und intergenerationelle Verhaltensautonomie. Umgekehrt läßt sich die lange Beibehaltung der Tracht als eine „Kulturfixierung" begreifen – so skandinavische Forschungen, aber auch WIEGELMANN [231: Tendenzen, 179] –, die als unmittelbares Symptom wirtschaftlicher Strukturschwäche oder Krise erscheint. Meist ist sie nicht, wie lange Zeit vermutet, vorwiegend kultureller Neuerungs*unwilligkeit* zuzuschreiben, vielmehr wirtschaftlicher Neuerungs*unfähigkeit*: „Traditionalismus" im Kleidungshabitus erweist sich vielfach ganz schlicht als kleinbäuerliche Konsumschwäche.

Für Stadt wie Land wird dagegen festgestellt, daß die eigentlichen Unterschichten, sofern wirtschaftlich dazu eben in der Lage, besonders rasch neue Kleidungsstile annehmen. Da die großen Stücke der Oberbekleidung meist zu teuer sind, werden namentlich die kleinen Accessoires besonders geschätzt: Seidentücher und Bänder, Gürtel und weiße, baumwollene Hemden [203: BENSCHEIDT, Besitz, 200 ff.]. Unter den Bedingungen der neuen geographischen und sozialen Mobilität werden Kleidung und Mode zu einem Medium frei konkurrierender Gruppen- und Kulturstile, wobei die Farbigkeit und Buntheit der Alltagskleidung entschieden zunehmen [205: BÖTH, Kleidungsforschung, 160 ff.]. Mit der Etablierung zunächst der Heimarbeiter-, dann der Lohnarbeiterexistenz verkörpert die „ordentliche" oder „modische" Kleidung ein Zeichen „proletarischer" Konsumfähigkeit und „Modernität", auch eine symbolische Unabhängigkeitserklärung gegenüber den Verhaltensnormen einer bäuerlichen oder bürgerlichen Umwelt.

Im Unterschied zur restringierten Tracht markieren Kleidung und Mode seitdem eine wesentliche Projektionsfläche der modernen Alltagskultur, auf der die Konkurrenz wie der Dialog der „Klassenstile" ästhetisch und symbolisch ausgetragen werden. Des-

Mode und Konfektionskleidung in den Unterschichten

Mode als Zeichen

halb liegt dort ein Schwerpunkt der neuen kulturanthropologischen und historisch-ethnographischen Forschungen zur „Habitualisierung" (BOURDIEU) von Klassenkulturen und Lebensstilen.

### 6.3. Nahrung und Eßkultur

Auch im Bereich der historischen Ernährung und Eßkultur ist die Forschung dazu übergegangen, neben den notwendigen Dokumentationsarbeiten zu Verbrauch und Verarbeitung von Nahrungsmitteln besonders das differenzierte Zusammenspiel von Ökonomie und Kultur in der Geschmacksbildung zu untersuchen: Wie hängen Agrarproduktion, Marktorganisation, Haushaltsführung und Bedürfnisentwicklung prozessual zusammen? Wie entwickeln sich Nahrungs- und Genußformen zwischen den Polen „Not" und „Genuß", zwischen überlieferten Nahrungsvorurteilen und modernem Geschmackswandel als ein „soziales und kulturell vermitteltes Verhalten"? [229: TOLKSDORF, Nahrungsforschung, 172]

Einig ist sich die Nahrungsforschung über *drei* Grundtendenzen im Ernährungsverhalten der Unterschichten im 19. Jahrhundert: über die strukturelle Überwindung des Hungers nach der Jahrhundertmitte, über die sinkende Quote der Nahrungsausgaben im Haushaltsbudget bei steigenden Einkommen und über eine qualitative Verbesserung des Nahrungsangebots [225: TEUTEBERG, Nahrung, 281]. SANDGRUBER nennt als Kennzeichen dieses Wandels den wachsenden Genuß von „Frischfleisch, Brot und Kartoffeln einerseits, andererseits Kaffee, Zucker und kleine Bäckereien, den Branntwein nicht zu vergessen" [218: Konsumgesellschaft, 134]. Andere Untersuchungen betonen besonders für den städtischen Bereich einen säkularen Trend zu größerer Unabhängigkeit von den traditionellen Formen der Eigenproduktion wie des Verbrauchs und den Übergang zu neuen, modernen Konsummustern und Tischsitten. Im Zuge der Veränderung der Agrarproduktion durch die Industrialisierung und Konsumgüternachfrage werden viele Nahrungsmittel bald gewerblich-industriell hergestellt, sind täglich frisch und in kleinen Mengen verfügbar, geeignet zum sofortigen Verzehr in den Arbeitspausen ohne umständliche Zubereitung. Das gilt für Brot wie Fleischprodukte, für Süßgebäcke wie Milcherzeugnisse [259: MENDE, Industrialisierung].

Auf dem Land vollzieht sich dieser Wandlungsprozeß langsamer, da eigener Grundbesitz und Selbstversorgung „die Kost" zwangsläufig konstanter halten. Doch bleibt es auch hier nicht ein-

Drei säkulare Trends im Ernährungssystem

fach beim traditionellen Speiseplan, der statt auf geschmacklichen Genuß und Abwechslung mehr auf Sattwerden und Vorratshaltung für das ganze Jahr hin orientiert war. Die volkskundliche Nahrungsforschung namentlich von WIEGELMANN und TEUTEBERG hat als *Innovationsträger* vor allem die hausindustriellen und die arbeiterbäuerlichen Gruppen ausgemacht, die in den „Diffusionsprozessen" zwischen Stadt und Land wie zwischen den einzelnen Sozialgruppen wichtige Mittlerfunktionen übernehmen. Bei ihnen mischen sich in die bäuerlichen Versorgungstraditionen sehr schnell Elemente der städtisch-bürgerlichen Eßkultur – neue Nahrungs- und Genußmittel, Zubereitungsarten und Tischsitten [231: WIEGELMANN, Tendenzen, 175f.].

Wie das Beispiel der Kartoffel zeigt, sind dabei *Innovationswege* in der Eßkultur keineswegs einfach nachzuzeichnen. Nachdem sie lange Zeit als Beleg einer „Innovation von unten" galt, als spät zu Ehren gekommene Notspeise, die sich aus der Unterschichtenküche allmählich in die Sphäre der höheren Eßkultur vorschob, deuten die neueren Forschungen eher zwei parallele Wege an: zum einen eine ältere Tradition der Kartoffelspeisen im Rahmen der gehobenen Küche, auch der Sonn- und Festtagsessen, zum andern in der Tat jene Wiederentdeckung als Notkost in den Krisen am Ende des 18. Jahrhunderts. Da wurde die Frucht zur typischen Armenspeise, für die protoindustriellen und unterbäuerlichen Gruppen zum „Brot des kleinen Mannes", das sich eben auf kleinsten Flächen mit geringsten Hilfsmitteln und vergleichsweise hohen Erträgen anbauen ließ [227: TEUTEBERG/WIEGELMANN, Tägliche Kost].

Ähnlich schwer fallen präzise Aussagen zum Fleischkonsum und zu dessen schichtspezifischem Profil. Inwiefern dabei Geschmackswandlungen und wo Markt und Preis den Konsum regulieren, in welcher Weise der Fleischverzehr als Statusindikator wirkt, wie sich seine sozial hohe Bewertung in Haushaltsbudgets umsetzt, ab wann auf Fleisch etwa verzichtet oder umgekehrt zu dessen Gunsten bei anderen Nahrungsmitteln gespart wird – solche Fragen nach der kulturellen Signalfunktion und der *symbolischen* Struktur von Mahlzeiten und Speiseplänen im lebensweltlichen Gesamtgefüge warten überwiegend noch auf Antwort [229: TOLKSDORF, Nahrungsforschung, 179].

Am augenfälligsten zeigt sich die Sogwirkung von Geld- und Warennexus im Bereich der *Genußmittel*. Kaffee und Süßigkeiten, Alkohol und Rauchwaren stehen in der Konsumtionsgeschichte der Unterschichten stets unter den Vorzeichen von „exzessiver" Verausgabung und genußbetontem Konsum. Bereits bei den protoindustriellen Gruppen der Heimarbeiter wird das Kaffeetrinken gleichsam in den eigenen Kulturstil integriert: Kaffee – oder entsprechende Surrogate – verkörpert sowohl eine Art Grundnahrungsmittel als auch ein Genußmittel mit besonderem Symbolwert. Auch bei den Fabrikarbeitern bildet sich sehr schnell eine regelrechte „Kaffeekultur" heraus, zu der die rasche Zubereitung, die anregende Wirkung, das Gefühl der Hungerunterdrückung und vor allem der kommunikative Kontext jener kleinen Kaffeepausen in der Monotonie der Produktion beitragen. Wiederum sind es deutlich symbolische Zuschreibungen eines Getränks, das in Wirklichkeit überwiegend nur in der Ersatzgestalt faden „Zichorienkaffees" genossen werden kann. Im bäuerlichen Bereich hingegen setzt sich die Gewohnheit zögernder durch: Kaffee zum Frühstück wird im Verlaufe des 19. Jahrhunderts zum abgrenzenden Statussymbol wohlhabender Bauernhaushalte gegenüber den kleinbäuerlichen Gruppen [219: SANDGRUBER, Genüsse, 79–88].

Noch in vieler Hinsicht ungeklärt und umstritten sind indessen die nachfolgenden Feinjustierungen der Kaffeekultur in sozialer und symbolischer Hinsicht: etwa die „Feminisierung" des Kaffeegenusses in Gestalt der häuslichen Tafel wie als „Brot der Fabrikarbeiterin", oder das Wechselspiel von Kaffee- und Alkoholgenuß in den männlichen Arbeitergruppen. Erst da entfalten die „feinen" geschlechts- und schichtspezifischen Unterschiede ihre moderne Typik und Gestalt [221: SCHIVELBUSCH, Paradies, 59–89].

*Geschlechts- und schichtspezifische Differenzierungen*

Ähnlich wird der öffentliche Alkoholgenuß zu einer sozialen Scheidelinie der Kulturstile. Während bei den Arbeitern der Bier- und Branntweingenuß in der Kollegen- und Wirtshausrunde mit ihren vielfältigen Trinkritualen zu einer festen Figuration im proletarischen Milieu wird, zum „sozialen Trinken" als einem Typus der nichtbürgerlichen Männeröffentlichkeit [268: ROBERTS, Drink], setzen sich die bürgerlichen Trinksitten immer schärfer davon ab im sozialen Gestus verantwortungsvoller Mäßigung und Nüchternheit. Im Sinne einer habituellen Distanzierung geht der Bürger – ähnlich wie beim Rauchen – zu den zurückgezogenen, privaten Genußformen über. Gleichwohl bleibt das „soziale Trinken" der Kneipenrunden und der Trinkeinladungen, die Nähe und Verbundenheit signalisieren sollen, eine zentrale Figur der Arbeitergruppenkulturen bis in die Gegenwart [241: DRÖGE/KRÄMER-BADONI, Die Kneipe, 252 ff.].

## 6.4. Konsumforschung und Bedürfnisforschung

Demonstrativer Konsum und Genuß

Immer wieder sind es also demonstrative Akte des Konsums und Genusses, jenes „Von der Hand in den Mund" der lohnabhängigen Klassen, das einen so scharfen Gegensatz bildet zu dem vorsorgend-haushälterischen „Langzeitdenken" bäuerlicher und bürgerlicher Lebenswelt. Vordergründig trägt diese schnelle Verausgabung des Lohnes einfach der Unmöglichkeit Rechnung, künftigen Krisen und Arbeitslosigkeiten durch Verzicht und Sparverhalten in nennenswerter Weise vorbeugen zu können [223: SCHULZ, Sparverhalten]. Zugleich sieht die Forschung darin jedoch auch eine symbolische Wendung gegen soziale „Bevormundung", also gegen den patriarchalischen und paternalistischen Gestus frühindustriellen Arbeiter- und Behördenverhaltens – Verausgabung „als ein Vehikel plebejischen Selbstbewußtseins" [96: MEDICK, Plebejische Kultur, 171].

Gleichwohl wirkt diese Form des Konsums natürlich auch als kultureller und sozialer Integrationsanreiz in industriekapitalistische Produktionsverhältnisse. In den letzten Jahren haben sozial- und mentalitätsgeschichtliche Studien erhellen können, „wie sehr für die neue Schicht der Heim- und Industriearbeiterschaft konsumstimulierende Impulse von Bedeutung waren und ihre Arbeits- und Zeiteinteilung durch neue Wünsche und Bedürfnisse beeinflußt wurden" [218: SANDGRUBER, Konsumgesellschaft, 15]. Auch dies, die „Verführung" über Bedürfnisse und Konsumziele statt der feudalen „Disziplinierung" durch Zwangsmittel, gehört zu jenem Prozeß der Umwandlung von Fremdzwängen in Selbstzwänge, die in der Zivilisationstheorie von NORBERT ELIAS als konstitutive mentale Voraussetzungen der Eingewöhnung in industriekapitalistische Lebensformen betrachtet werden.

Konsum und Bedürfnis: Methodologische Probleme

Ein grundlegend methodologisches Problem freilich bleibt der zunächst so zwingend und naheliegend scheinende Rückschluß von historischen Konsumformen und -daten auf eine Geschichte der kulturellen Bedürfnisentwicklung selbst, auf jene „Sehnsüchte des Alltags" [219: SANDGRUBER, Genüsse, 10]. Denn der kleine „Luxus" des Kaffeegenusses kann sowohl materielle Ausdrucksform sein von Lebensart und wachsenden Ansprüchen als auch symbolischer Ausdruck einer Notgebärde, ein Zelebrieren des „letzten Groschens". Konsumgeschichte läßt sich deshalb nicht einfach „umschreiben" in eine Bedürfnisgeschichte, weil denselben äußeren Formen und Mustern des Konsums sehr unterschiedliche innere soziale Beweg-

gründe und kulturelle Bedeutungen zugrunde liegen können. Bourdieu vor allem hat auf den gewichtigen qualitativen Unterschied
hingewiesen zwischen einem „Notwendigkeitsgeschmack" der Unterschichten als Ausdruck materieller Reproduktionszwänge und einem „Luxusgeschmack" in den Oberschichten, die ihre Kultur des
Genießens in ganz anderer Weise symbolisch einsetzen [74: Unterschiede, 290]. Insofern steht der historische Genußmittelkonsum nur
als *Chiffre* für tieferliegende sozialkulturelle Bedürfnisstrukturen,
die im Konsum teils ausgelebt, teils kompensiert, teils unterdrückt
werden [211: Kaschuba, Konsum].

# 7. Fest und Alltag: Geselligkeits- und Freizeitformen

In der vorindustriellen bäuerlichen und handwerklichen Lebensorganisation verbanden sich Produktions- und Reproduktions-
tätigkeiten zu einer lebensweltlichen Einheit, geordnet in einem System totalen Arbeitslebens. Rein zeitlich gesehen, wurde den Haupt-
teil des Tages über gearbeitet. Doch zeigt die Überprüfung der vorindustriellen Arbeitsproduktivität und -intensität wie der Jahres-
arbeitszeit, daß hier erhebliche Regenerationspotentiale in den Ar-
beitsrhythmus eingebaut waren in Gestalt von Arbeitspausen, „Ar-
beitsgeselligkeit" und Feiertagen [258: Medick, Spinnstuben, 35].

In der Frühindustrialisierung setzt mit der räumlich-organisato-
rischen Trennung der Arbeits- von der Reproduktionssphäre eine
grundlegende Veränderung ein. Nun verschwinden die gewohnten
Regenerations- und Kommunikationsstrukturen zunehmend aus
dem Arbeitstag, alle bisherigen informellen Formen der Freizeit
werden durch restriktive Arbeits- und Fabrikordnungen in die
Nicht-Arbeitszeit abgedrängt. In ihrem ganzen lebensweltlichen
Ausmaß deutlich geworden sind diese Veränderungen erst, seitdem
sich die historische Forschung stärker mit dem außerbetrieblichen
Alltag und der Freizeit beschäftigt und nach den Wirkungs- und
Verarbeitungsformen dieses Antagonismus von „Produktionsge-
setz" und „Bedürfnisprinzip" fragt [260: Mühlberg, Freizeitverhalten, 123 f.].

Von der informel-
len zur formellen
Freizeit

Als Folge der neuen Arbeits-Ordnung beginnt ein tiefgreifen-
der Umbau der in Jahrhunderten routinisierten und festgeschriebenen gesellschaftlichen *Tageszeit-Struktur*. Nahrstedt dokumentiert
in seinen Untersuchungen zur Freizeitgeschichte, wie im 19. Jahr-

hundert das abendliche Ende der Wachzeit immer weiter in die
Nacht rückt, begleitet von einer Verlängerung der Öffnungszeiten
von Wirtshäusern und Vergnügungsstätten [262: Freizeit, 85 ff.]. So
wird – als Folge des nunmehr hermetischen Arbeitstages – das zu-
sammenhängede Stück abendlicher Freizeit als „eigene" Lebenszeit
zunehmend ausgeweitet. Zugleich formt sich für große Bevölkerungsgruppen ein Alltag, der in abstrakte Zeitordnungen gegossen
und durch die Zeitsignale der Kirchenglocken, Fabrikuhren und
Dampfpfeifen segmentiert ist. Die Untersuchungen von BRAUN zum
Wandel der frühindustriellen Lebensverhältnisse im Zürcher Oberland registrieren diese Veränderung der alltäglichen Wahrneh-
mungs- und Symbolstrukturen sehr genau und konstatieren als kulturelle Wirkung die Trennung von „Arbeitszeit" und „Lebenszeit"
im Zeitbewußtsein der Menschen [111: Sozialer Wandel, 185 ff.].

Arbeitszeit und<br>Freizeitbedürfnisse Zur Verkürzung des Arbeitstages auf 10 bis 12 Stunden und zur
Abgrenzung der Freizeit kommen erste Arbeitsschutzgesetze hinzu.
1891 wird die Sonntagsruhe gesetzlich geregelt, die zunächst ebenso
zögerlich eingehalten wird wie die Einführung von „Arbeiterferien"
ab 1892 [266: REULECKE, Arbeiterurlaub]. Freizeit im modernen
Sinn gibt es „für die weit überwiegende Mehrheit der Arbeiter" so
frühestens seit diesen 1890er Jahren [300: SCHRÖDER, Arbeitergeschichte, 196]. Entsprechend spät und langsam entwickelt sich daraus eine eigene, geordnete Lebenswelt-Struktur. Denn zunächst dominiert eine „ganz selbstverständlich aktuell-genießende Haltung,
die keinen anderen Zweck als den Genuß kannte und kennt" [260:
MÜHLBERG, Freizeitverhalten, 129]. Und diesen Genuß sucht man in
Geselligkeits- und Konsummustern, erst sehr allmählich auch in
neuen intellektuellen Bedürfnissen nach Unterhaltung, Bildung und
Wissen. So konzentriert sich nun alles auf jene Zeit nach der Arbeit
als das „eigentliche Leben", als ein Raum eher selbstbestimmt er-
lebter „individueller Verhaltensweisen und Verhaltensdispositio-
nen" [265: RECK, Arbeiter, 105].

## 7.1. Formen- und Funktionswandel der Festkultur

Zu diesem „eigentlichen Leben" gehören im historischen Verständnis ganz wesentlich die vielfältigen Formen der privaten Geselligkeit wie jene der öffentlichen Festkultur und der kirchlichen
Feiertage. In der Mentalitätengeschichte wird dieses Festmotiv
Fest als Spiegel des<br>Alltags heute nicht mehr als Gegenstück zum Alltag aufgefaßt, sondern
eher als dessen Spiegelfläche, auf der sich in symbolischer Überhö-

hung Alltagsbeziehungen reflektieren: soziale Bindungen, Repräsentationsbedürfnisse der Status- und Berufsgruppen, sakrale und profane „Integrationsriten" lokaler Gemeinschaften [237: BLESSING, Fest und Vergnügen, 352].

Während der dichte vorindustrielle Zyklus der Kirchenfeste und Feiertage das Arbeitsleben immer wieder unterbrach, ihm einen eigenen Rhythmus verlieh, in dem sich Anspannung und Erholung in kollektiven Formen ausbalancierten, bildeten die Rites de passage, die Lebenslauffeste, eine Art lebenszyklischer Periodisierung. Taufe und Konfirmation, Verlobung und Heirat setzten Markierungen im Jugend- und Erwachsenenleben, die als rituelle „Übergangsschleusen" biographische Brüche mildern und in neue Rollen einführen sollten [37: MITTERAUER, Jugend, 164 ff.].

*Die Rites de passage*

Im Kontext der Industrialisierung scheinen sich nun zwei gegenläufige Tendenzen abzuzeichnen: sowohl eine „Modernisierung" vieler Geselligkeits- und Festformen im Sinne neuer Gestaltung und profanisierter Bedeutung als auch umgekehrt ein Festhalten an traditionalen Formen der Familien- und Gruppengeselligkeit. Die Destabilisierung der Lebenswelten durch geographische und soziale Mobilität wird manifest, und zugleich versucht man dies offensichtlich durch kulturelle Bindungsmittel zu kompensieren: Als Gegengewicht zu „modernem" Erwerbsverhalten werden bewußt Elemente „traditionalen" Geselligkeitsverhaltens beibehalten. So ist einerseits eine neue Repräsentationsfunktion kommunaler Feste und Feiern zu beobachten, die angesichts der wachsenden Heterogenität der Stadtbevölkerung durch die Zuwanderer als integrative Klammer dienen sollen [242: DÜDING/FRIEDEMANN/MÜNCH (Hrsg.), Festkultur]. Andererseits zeigt sich bei gruppen- und familienbezogenen Festanlässen wie Taufen oder Heiraten, die bislang eher „halböffentlich" begangen worden waren, eine deutliche Tendenz zur Privatisierung und zur Säkularisierung; sie werden zwar beibehalten, jedoch aus den gewohnten kollektiven und religiösen Zusammenhängen herausgelöst.

Als Erklärung dafür reicht der übliche Verweis auf die bürgerliche Trennung von Öffentlichkeits- und Privatsphäre sowie auf den neuentstandenen Typus der Vereinsgesellschaft kaum aus. Vielmehr spielt neben den vielfältigen Wandlungen der Arbeits- und Familienformen auch hier wohl die stärkere soziale Zerrissenheit und Gruppenkonkurrenz in der städtischen Gesellschaft eine Rolle, die den eingesessenen Familien eine „spannungslose Präsentation" ihrer Festtraditionen in der Öffentlichkeit nicht mehr erlaubt, sondern

*Öffentlichkeit und Privatheit*

moderne Formen „privater Festkultur" regelrecht erzwingt [233: BAUSINGER, Festkultur, 394].

Bis zu einem gewissen Grad werden solche Privatisierungstendenzen auch bei den städtischen Unterschichten konstatiert. Wirtshausbesuche oder Hochzeiten nehmen zwar vorläufig keinen „privaten" Charakter im bürgerlichen Sinne an. Gleichwohl scheinen sie besonders im Arbeitermilieu stärker von sozialer Abgrenzung und Abschließung geprägt, von einem demonstrativen Sich-Einrichten „im Milieu", in seinen Quartieren, Plätzen und Kneipen, wo die Gruppenzugehörigkeit symbolisch und räumlich manifestiert werden kann [268: ROBERTS, Drink]. In ähnliche Richtung wirken dann ab Mitte des 19. Jahrhunderts die Arbeitervereine und auch erste Formen von Firmengeselligkeit und -festen, die ebenfalls die innere Gruppenkohäsion gegenüber der Außenwelt erhöhen und betonen [61: SCHOMERUS, Maschinenfabrik, 204 ff.]. Zweifellos begünstigt dies jene Tendenz zur weiteren Ausdifferenzierung proletarischer Gruppenkulturen, aber auch zur schärferen Trennung des Freizeitlebens in geschlechtsspezifische Formationen.

In vielen Geselligkeitsformen bleibt der Zusammenhang zu älteren Traditionen indessen sichtbar: zur ländlich-brauchtümlichen Jugendkultur der „peer groups" [156: SIEDER, Familie, 46 ff.], zu „dörflichen" Familien- und Nachbarschaftsbeziehungen [111: BRAUN, Sozialer Wandel, 210 ff.; 252: KLEINSCHMIDT, Festleben], zur informellen Freizeit nach Art des „Blauen Montag" [266: REULECKE, Arbeiterurlaub, 211 ff.]. Besonders in der Montanindustrie wird eine „starke Persistenz der Anlässe, Funktionen und besonders Formen" des bergmännischen Brauchtums „über die Industrialisierungsjahrzehnte hinweg" festgestellt [194: TENFELDE, Fest, 209].

### 7.2. Ländliche Volkskultur und dörflicher Brauch

Im ländlichen Bereich erhält sich durch die geringere Veränderung der Arbeits- und Familienformen wie der innerdörflichen Sozialhierarchie diese Traditionsbezogenheit der Geselligkeitsmuster entsprechend länger. Um so mehr, als die Dorfgesellschaft in der Regel sehr viel weniger Zuzüge aufweist als die manchmal buchstäblich „zusammengewanderte" frühindustrielle Stadtgesellschaft, als hier auch Kirche und Religion zusätzlich stabilisierend wirken. Stationäres Leben zieht eine eher *statische* Kultur fast notwendig nach sich, es läßt mit seiner kulturellen Durchformung des Alltags in Sitte und Brauch sehr viel weniger kulturelle Wandlungsmöglichkeiten zu [254: K.-S. KRAMER/WILKENS, Volksleben, 351–390].

Hier ordnet sich die Freizeit häufig noch älteren Formen der Arbeitsgesellschaft unter, etwa in Gestalt der Spinnstube, in der sich Kommunikations- und Arbeitsfunktion, gesellige und – für die Jugendlichen – auch erotische Bedürfnisse vereinen. Insofern behalten diese traditionalen Formen auch ihre Funktion als Institute der innerdörflichen sozialen Kontrolle wie der Einübung in das lebensweltliche Reglement der „Sitte". In der Spinnstube, beim Tanz und auf dem Fest herrschen feste Regeln der Geschlechterbeziehung, übermitteln sich die Gesetze der lokalen Moral und Endogamie als kulturelle Alltagsgrammatik. Selbst das punktuelle Übertreten solcher Grenzen im Rahmen der Spiele und Riten der Jugendkultur übt zugleich ein ins dörfliche Komment, weil sich dessen normative Kraft und moralische Autorität dadurch um so nachhaltiger einprägen [258: MEDICK, Spinnstuben]. Über eine im späten 18. und 19. Jahrhundert angeblich auffällig zunehmende Promiskuität der Geschlechterbeziehungen – SHORTER wähnte im ländlichen Bayern sogar eine Art „sexuelle Revolution" [155: Familie, 99–144] – wird angesichts dieser Befunde so ernsthaft nicht mehr diskutiert.

*Ländliche Freizeitformen und -traditionen*

*Jugendkultur und Sexualität*

Vieles an dieser ländlichen Traditionskulisse entpuppt sich andererseits jedoch auch als Fassade – bereits in der Geschichte. Immer wieder stößt die Volkskunde bei ihren Forschungen auf jenes Problem der äußeren kulturellen *Formenkonstanz* bei gleichzeitiger Veränderung der sozialen *Funktion:* Scheinbar archaisch-unpolitische Bräuche entpuppen sich als effektive frühindustrielle Protestform; vermeintlich urchristliche Festtraditionen dienen weniger popularer Pietät als vielmehr profanen Geselligkeitsbedürfnissen [88: KASCHUBA, Volkskultur, 177–207]. Zusätzlich erschwert wird die Identifizierung durch die ideologischen Befestigungen von außen, durch die bürgerliche Traditionspflege und die literarische Verklärung des Landlebens in Dorfromanen, auch durch die konservatorische Tradition der frühen Volkskunde. Freiwillig oder unfreiwillig dienen die ältere Brauchtumspflege wie manche jüngere Folklore-Welle diesem Konzept der „Bauernkultur": Ländliche Bräuche werden durch germanische Mythen „aufgefüttert", neue „Traditionen" wie der Muttertag erfunden [142; HAUSEN, Muttertag], Karneval und Fastnacht in Vereinsform neu belebt und als Massengesellschaft inszeniert und kommerzialisiert [263: Narrenfreiheit].

*Forschungsprobleme: „Brauch" und „Gebrauch"*

Am Beispiel der Fastnacht zeigen sich solche Forschungsprobleme und -kontroversen besonders deutlich. Zwischen einer symbolgeschichtlich-epistemologischen Traditionsforschung, die beharrlich den „Ursprungs"- und Kontinuitätsaspekt betont, und einer auf die Gegenwartsbedeutung gerichteten Perspektive, die den Brauch in seinem sich wandelnden Ge-Brauch untersucht, bestehen da nach wie vor Divergenzen, die weit in die volkskundliche Fachgeschichte zurückreichen.

Zögernd nur setzt sich die Auffassung durch, daß die Brauchtumsforschung allein dann „die sozialen Regelmäßigkeiten im Arbeits- und Freizeitleben" der Geschichte wie der Gegenwart sinnvoll erfassen kann, wenn sie von einem alltagskulturell „erweiterten" Begriff des Brauchs ausgeht [235: BIMMER, Brauchforschung, 326].

### 7.3. Orale Kultur und literarische Tradition

Solche Kontroversen sind keineswegs ein Fußnotenstreit volkskundlicher Reliktforschung, sondern darin äußern sich prinzipielle Unterschiede in der Perspektive auf Unterschichtskulturen. Insoweit diese charakterisiert sind als „orale Kulturen", als kommunikativ erworbene und mündlich weitergegebene Erfahrungs- und Verhaltenssysteme, die uns allerdings meist nur in fremder, bürgerlicher Handschrift historisch überliefert sind, kommt der Frage nach Quellen, Kontinuitäten und „fremden" Einfärbungen entscheidendes Gewicht zu [71: BAUSINGER, Volkskultur]. Wer „reine" Formen sucht, eine vermeintlich unverfälschte Tradition, steht zumindest in der Gefahr, jene alte Auffassung einer „authentischen", dem Geschichtsverlauf und seinen interkulturellen Austauschprozessen enthobenen „Volkskultur" zu perpetuieren; der übernimmt leicht ungeprüft den „Formen-, Traditions- und Kontinuitätsaspekt" eines literarischen Kanons, statt ihn „einer kritisch-hermeneutischen Quellenbearbeitung" und Prüfung zu unterziehen [87: KASCHUBA, Mythos, 499].

Eine Domäne dieser Kontinuitätsvorstellung war lange Zeit der Bereich der mündlichen Märchen- und Sagenüberlieferungen, die zumeist als immer gleich reproduzierte Phantasiegebilde betrachtet wurden, als dem Wandel entzogene, beharrende Gegenmotive inmitten sich verändernder Lebenswelten. Inzwischen ist der „soziohistorische Gehalt von Volkserzählungen" unumstritten, ihre den jeweiligen Zeitumständen angepaßten Szenarien von Arm und Reich, von Gut und Böse werden als wichtige Einblicke in die Sozialgeschichte wie die Vorstellungswelt der Unterschichten betrachtet [270: SCHENDA, Erzählforschung, 281]. Zudem beschäftigt man sich verstärkt mit der literarischen Tradition der Volkslesestoffe, wie sie etwa seit dem 18. Jahrhundert die „Volkskalender" oder im

*Quellenüberlieferung historischer Kulturen*

*Märchen- und Sagenforschung*

19. Jahrhundert dann die populäre Romanliteratur und die Familienzeitschriften verkörpern. Romanstoffe vor allem in Form des „Kolportageromans", also des Fortsetzungsromans in Heftform, bilden hier ein Hauptmedium der Massenlektüre, quantitativ wohl mehr verbreitet und intensiver gelesen als etwa die Zeitungen. Sie knüpfen zum einen an der oralen Erzähl- und Märchentradition an, deren „Helden und Schurken" neben exotischen Motiven eben durchaus auch antifeudale, „radikale" Sinngehalte verkörpern konnten [77: BURKE, Helden, 188]. Zum zweiten beziehen sie bürgerliche Unterhaltungs- und Bildungsstoffe mit ein und verbreiten diese in popularisierter Form weiter [270: SCHENDA, Erzählforschung]. Und sie tragen drittens dazu bei, daß die kulturellen Trennlinien zwischen den verschiedenen Leserschichten und Sozialgruppen an Schärfe verlieren. Es sind dieselben Stoffe, die nun in Stadt und Land, von Dienstmädchen, Arbeitern und ländlichen Heimarbeiterfamilien gelesen werden können – rezipiert freilich in unterschiedlicher Weise vor dem spezifischen Hintergrund der jeweiligen Lebenswelt [245: ENGELSING, Sozialgeschichte, 180–224].

Lesegeschichtlich ist darin sicherlich auch eine Brücke zur Zeitungslektüre und zum Anschluß an die Zeitungskommunikation zu sehen. Besonders für die Arbeiter bieten Nachrichten wie Wohnungs- und Stellenangebote wichtige Orientierungshilfen in ihren „mobilen" Lebensumständen, und die Zeitungslektüre verschafft ihnen einen wenigstens ausschnitthaft überlokalen Informationshorizont. Doch weist das Leseverhalten der Arbeiter weit darüber hinaus: Literaturerfahrung öffnet vielen den Weg in eine zweite, neue „Welt" – sei es im Rahmen individuellen Lesens oder organisierter Lektüre in Zirkeln, Arbeiterbibliotheken und Volksbüchereien [256: LANGEWIESCHE/SCHÖNHOVEN, Arbeiterbibliotheken; 261: MÜHLBERG/ROSENBERG (Hrsg.), Literatur].

*Arbeiterlektüre*

## 7.4. Urbane Kultur: Städtische Freizeit- und Vergnügungsindustrie

Vor allem im Kaiserreich ist der Übergang zu modernen Beziehungs- und Kommunikationsstrukturen, zur systematischen Ausweitung von Konsum und Bildung, von Unterhaltungs- und Freizeitindustrie unübersehbar: Zeitungen und Theater, Gastwirtschaften und Kaffeehäuser, Tanzmusik und Mode verkörpern nun – jedenfalls als Angebot – neue, schichtübergreifende Formen städtischer Alltagskultur. Gewiß bleiben materielle und soziale Barrieren, doch Kneipe und Biergarten, Café und Tanzmusik, Rummelplatz-

*Verbreiterung und Kommerzialisierung des Unterhaltungsangebots* besuch und Sonntagspromenade gehören bald zu jenen kleinen Abwechslungen vom Arbeitsalltag, die sich viele städtischen Arbeiterfamilien und noch mehr junge Arbeiterinnen und Arbeiter gönnen [237: BLESSING, Fest und Vergnügen, 371 ff.; 98: MÜHLBERG (Hrsg.), Arbeiterleben, 123–163]. Neu ist besonders die Fülle und Variationsbreite dieses Angebots wie auch sein klarer kommerzieller Charakter, der ältere Formen der familiären oder Gruppengeselligkeit allmählich auflöst. Die Entwicklung geht hier zur wirklichen Massenmobilisierung, wie sie einerseits in den Vergnügungsparks oder bei Boxveranstaltungen und Radrennen zu beobachten ist, andererseits bei Stadtfesten oder auch bei den Sedan-Feiern und den Kaisergeburtstagen, die sich im Stile „nationaler Volksfeste" um populäre Attraktivität bemühen [269: SCHELLACK, Kaisergeburtstag, 286].

Es sind Modelle und Muster einer neuen massenhaften Freizeitgestaltung, die ergänzt und verstärkt werden durch die Wirkung der *neuen Medien*. Bereits nach der Jahrhundertwende wird das Kino in den Berliner Arbeiterbezirken wie in anderen deutschen Großstädten zum „Theater des kleinen Mannes". Und nach dem Ersten Weltkrieg beginnt der Siegeszug von Grammophon und Rundfunk, die bald fest zur akustischen Kulisse der Freizeit in den Hinterhöfen, den Gastwirtschaften und den Parks gehören [275: Wem gehört die Welt, 482 ff.]. Hier scheint das kulturelle Selbstverständnis vor allem der jungen Arbeitergeneration nicht mehr an „traditionalen Formen" fixiert, sondern es reklamiert für sich neue Bedürfnismuster in modernen Formen und Medien – „nur so ist die Dominanz des öffentlichen Freizeitverhaltens gegenüber dem innerfamiliären zu erklären" [260: MÜHLBERG, Freizeitverhalten, 134].

In die Lücke, die sich zwischen wachsender „Massenfreizeit" und zurückgehender Familiengeselligkeit auftut, treten seit dem letzten Drittel des 19. Jahrhunderts bereits die *Vereine* mit ihrem Angebot von Bildung, Geselligkeit und Sport. Als lebensweltliche Scharniere bieten sie Ersatz für die schwächer werdenden Familien- und Milieubindungen, auch im Arbeitermilieu verkörpern sie bald „die wichtigsten Träger organisierter Freizeit" [237: BLESSING, Fest und Vergnügen, 365]. Neben den Eigengründungen der Arbeiterbewegung zunächst im Umfeld der 1848er Revolution, dann unter sozialdemokratischer Fahne im Kaiserreich, gibt es stets ein konkurrierendes bürgerliches Bemühen, über den Aufbau von Vereinen *für* Arbeiter eigene sozialreformerische Freizeit- und Bildungskonzepte zu verbreiten, die den sozialistischen entgegenwirken sollen [267: REULECKE, Veredelung]. Besonders für das katholische Arbeitermi-

*(Marginalie:)* Vereine als Bildungs- und Freizeitorganisationen

lieu wird festgestellt, daß die Tradition des kirchlich organisierten Vereinswesens während des Kaiserreichs systematisch ausgebaut wird, bald erweitert auch um gewerkschaftliche und parteipolitische Organisationen. So spielt die christliche Bergarbeiterbewegung im Ruhr- wie im Saargebiet eine keineswegs unwichtige Rolle im proletarischen Alltagsleben wie im gewerkschaftlichen Kampf. In ambivalenter Weise ist sie „existentieller Halt im Strudel der industriellen Modernisierung, aber auch Hemmschuh in der Entwicklung einer eigenständigen Arbeiterbewegung" [290: MALLMANN, Tages Last, 183], indem sie die Arbeiter einzubinden sucht in bürgerliche Gesellschaftshorizonte [302: STEFFENS, Autorität, 271 ff.].

Inwieweit dies gelingt, ob die Vereinsbewegung insgesamt als ein wesentlicher Hebel „zur sektoralen Verbürgerlichung der Mentalität der breiten Bevölkerung" gesehen werden kann, wie BLESSING dies tut [237: Fest und Vergnügen, 367] und dabei auch Teile der sozialdemokratischen Arbeitervereinsbewegung miteinschließt, darüber gehen die Einschätzungen auseinander. WUNDERER verweist demgegenüber auf das Selbstverständnis der Arbeiterbewegungsvereine als „Klassenorganisationen" [277: Arbeitervereine, 75]. In der Tat scheint die Verbürgerlichungsthese das Vereinsmodell als kulturelles Anpassungsmuster zu über- und das starke Spannungsverhältnis zwischen sozialer und nationaler Orientierung in großen Teilen der Arbeiterschaft zu unterschätzen: Der vielbeschworene „proletarische" Weltkriegspatriotismus reicht da als retrospektiver Beleg wohl kaum aus.

### 7.5. Arbeiterbewegungskultur als Freizeitformation

Andererseits wird gerade am Beispiel der sozialdemokratischen Arbeitervereine auch die umgekehrte Tendenz der Arbeiterkulturbewegung festgemacht, zu einer „Gesellschaft in der Gesellschaft" zu geraten, sich „in einer eigenen Welt von Organisationen und Institutionen" als „proletarisches Lager" lebensweltlich abzugrenzen bzw. damit auf die „Ausgrenzung" durch die wilhelminische Gesellschaft zu antworten [277: WUNDERER, Arbeitervereine, 30 f.].

Tatsächlich wirkt die Szenerie mitunter wie ein zweiter Kulturkampf: proletarische Werteoffensive versus wilhelminische Werteverteidigung, Bebel versus Bismarck als Symbolfiguren des Kampfes zweier Kulturen, zweier gesellschaftlicher Hemisphären [18: v. RÜDEN (Hrsg.), Dokumente]. Dabei sind die Akzente deutlich gesellschaftspolitischer Natur: Arbeiterkultur versteht und inszeniert sich als *demokratische Gegenkultur* im undemokratischen wilhelmini-

Demokratische
Legitimation

schen Deutschland. Daher auch das Pathetische, das Weihevolle ihrer Feste und Feiern in teleologischer, fast religiöser Überhöhung. FRIEDEMANN weist darauf hin, daß in dieser „geschickten Vermischung rationaler und emotionaler Elemente" andererseits eben auch „Formen, Sprache und Musik der bürgerlichen Festkultur" enthalten sind, die eine Entwicklung politisch-ideologisch wie ästhetisch eigenständiger „Legitimationsprinzipien" wohl kaum fördern [246: Gewerkschaftsfeste, 384 f.]. Ablehnung und Übernahme „des Bürgerlichen" sind hier oft widersprüchlich ineinander verquickt.

Im Bereich der sozialdemokratischen Bildungsarbeit und Arbeiterkulturbewegung wird ein ähnliches Spannungsverhältnis gesehen zwischen dem Anspruch einer offenen, demokratischen Volksbildung im Sinne einer „Massenbildung" und den oft bildungsbürgerlich-elitär orientierten *Kulturprogrammen* der gewerkschaftlichen und sozialdemokratischen Bildungseinrichtungen [277: WUNDERER, Arbeitervereine, 36 f.]. Wie weit dies ein kultureller Legitimationsversuch ist, eine Art „kultureller Reifenachweis" vor den bildungsbürgerlichen Wertehorizonten der Kaiserreichs- und Zwischenkriegsgesellschaft, oder ob sich das bildungsambitionierte Profil einer „arbeiteraristokratischen" Funktionärsschicht hier in besonderer Weise niederschlägt, läßt sich nach dem jetzigen Forschungsstand wohl nicht mit einfachen Etikettierungen einer „Verbürgerlichung" oder „Veredelung" klären [244: EMIG, Veredelung]. Zu Recht verweisen LANGEWIESCHE und SCHÖNHOVEN auf den grundlegenden Unterschied zwischen den „sozialistischen Leitvorstellungen" und den „individuell aufstiegsorientierten des Bürgertums", die im Hinblick auf die jeweilige Bewertung der kulturellen Funktion von Bildung zu berücksichtigen seien [34: Arbeiter, 25 f.].

Diese Leitvorstellungen prägen – wenngleich in unterschiedlicher Intensität – das gesamte Spektrum der organisierten Arbeiterkulturbewegung: von den „Freidenkern" [257: LINDEMANN, Freidenkerbewegung] bis zu den „Naturfreunden" [248: HOFFMANN/ ZIMMER (Hrsg.), Grüne Garde], von der Arbeitermusikbewegung [255: LAMMEL, Arbeitermusikkultur; 240: DOWE, Arbeitersänger; 251: KANNONIER, Beethoven] bis zum Arbeitertheater [249: HORNAUER, Laienspiel], von den Radfahrvereinen [234: BEDUHN, Radler] bis zu den Gymnastinnen und Turnern [273: TEICHLER/HAUK (Hrsg.), Arbeitersport], von der Radio-Bewegung [238: DAHL, Arbeitersender] bis hin zum Arbeiterfilm [275: Wem gehört die Welt, 482 ff.].

---

*Marginalien:*

„Massenbildung" und „Veredelung"

Breites Spektrum der Arbeitervereinsbewegung

Damit steht als zentrales Problem auch die Frage, wie in diesem Freizeitbereich die Verbindungen von *Bewegungskultur* und *Alltagskultur* beschaffen sind, also die Beziehungen zwischen der organisierten Minderheit und der nicht-organisierten Klassenmehrheit. Einerseits deuten sich in den Kleinmilieus und Quartieren doch enge Bezüge und Formen des Ineinander an, wenn man an das Kneipen-, Vereins- und Festleben denkt, in dem sich organisierte und unorganisierte Arbeitergruppen vielfach mischen [247: GRO-SCHOPP, Bildungsverein]. Auch die Genossenschaftsbewegung [243: EISENBERG, Arbeiterbewegung] und später der organisierte Arbeitersport scheinen in der Lage, tatsächlich offene und massenmobilisierende Formen proletarischer Alltagskultur anzubieten, die den Zaun zwischen Bewegung und Klasse überwinden.

Andererseits müssen diese Formen „organisierter Klassenkultur" spätestens um die Jahrhundertwende in Konkurrenz treten zu den modernen Formen der Freizeitindustrie, mit jenen „Kultstätten des Vergnügens" (KRACAUER), wie sie sich um Musik, Tanz und Kino herausbilden. Und in diesem Wettkampf gerät das eher biedere Angebot der Klassenkultur doch vielfach in die Hinterhand. In der Weimarer Republik dann, unter den Bedingungen eines geschärften klassengesellschaftlichen Bewußtseins erreichen neue Formen des „Agitprop", der Öffentlichkeits- und Medienarbeit mit Plakatkunst, Film und Musik offenbar vor allem auch jüngere Arbeitergruppen – eine These, die empirisch allerdings noch schwach belegt ist [275: Wem gehört die Welt]. Daß der Nationalsozialismus schließlich all dies zerstört oder zur Unkenntlichkeit entstellt hat in einer zentral gelenkten und total durchorganisierten „Volksfreizeit" der NS-Jugend- und -Massenorganisationen [295: PEUKERT/REU-LECKE (Hrsg.), Die Reihen], erschwert die Antworten auf Fragen nach Wirkungen und Kontinuitäten zusätzlich.

Ähnliche Unschärfen und Kontroversen wie im Blick auf die Geschichte kennzeichnen auch die Forschungen zur heutigen Freizeitkultur, besonders was das Problem der Klassen- und Schichtspezifik von Freizeitstilen angeht. Wohl ist unübersehbar, daß die lebensweltlichen Orientierungsmuster seit den 1950er Jahren stärker uniformen Charakter annehmen, daß die aktive Freizeitgestaltung durch Geselligkeit, Sport, Bildung immer weiter in den Sog einer passiv machenden *Einheitskultur* der Medien und der Werbung gerät. Damit scheint jenes Prinzip der Erfahrung und Kultur „aus zweiter Hand" immer dominanter zu werden, auch die Tendenz zur Individualisierung von Freizeitverhalten zu wachsen.

Bewegungskultur oder Klassenkultur?

Doch trifft andererseits der Einwand, daß diese Einheitsange-
bote noch keineswegs gleichzusetzen sind mit einer durchweg nor-
mierten, uniformen Kulturpraxis. Untersuchungen zum Freizeitverhalten, zu Kommunikationsweisen, zur Formung von Lebensstilen
auch im Sinne von Wertvorstellungen, von ästhetischer Praxis und
von Geschmacksbildung belegen vielmehr, daß die sozialen Unter-

Auch heute keine klassenlose Freizeitgesellschaft schiede nach wie vor auch *kulturell* unterschiedlich wahrgenommen
und ausgelebt werden [74: BOURDIEU, Unterschiede]. Unauffälliger
zwar als früher, aber dennoch scharf abgegrenzt, läßt sich immer
noch ein Typus „unterschichtigen" Freizeitverhaltens herausarbei-
ten, der bestimmte Einstellungen großer Teile der Industriearbeiterschaft verbindet mit denen ländlicher Bevölkerungsgruppen [271:
SCHLÖSSER, Freizeit].

## 8. Massenprotest und Arbeiterbewegung: Die „andere" politische Kultur

Erst in den letzten Jahren hat sich ein neues Gebiet in der so-
zial- und kulturgeschichtlichen Forschung fester etabliert, das mit
dem Etikett „Protestforschung" versehen wurde. Mag diese Bezeichnung auch nicht in jeder Hinsicht glücklich gewählt sein, so
haben empirische Studien in diesem Bereich mittlerweile doch her-
ausarbeiten können, wie sehr die gesellschaftliche Landschaft der

Protest als „Politik von unten" späten Vor- und Frühindustrialisierung von „spontanen Volksbewe-
gungen", von sozialen Protesten der ländlichen und der städtischen
Unterschichten mitgestaltet wird [301: SIEMANN, Protestbewegungen, 307]. Als Tendenz wird festgestellt, daß Zahl und Intensität der
offen ausgetragenen Sozialkonflikte im 19. Jahrhundert deutlich zunehmen und daß sich die Protestthemen wie die Protestformen
mehr und mehr in der Sphäre des Marktes und der Arbeit zuspitzen.
Dabei geht es um Brotpreise und Unterversorgung, um Sozialhilfe
und Wohnungsprobleme, um Arbeitszeiten und Löhne – also um
zwar lokale Konflikte, jedoch mit übergreifendem gesellschaftlichem Hintergrund. Hier melden sich jene Unterschichtsgruppen
„zu Wort", deren Lage und Selbstverständnis vom frühindustriellen
Wirtschafts- und Gesellschaftsumbau unmittelbar betroffen sind. So
werden die Protestbewegungen im Blick auf ihre sozialen Trägergruppen allmählich klassenförmiger: Sie verkörpern zunehmend
„kollektives Handeln gegen bestehende Herrschaftsformen" oder

gegen neue Verhaltenszumutungen, mit denen sich primär die Lohnarbeitergruppen konfrontiert sehen [297: REINALTER (Hrsg.), Protestbewegungen, 30 f.; VOLKMANN/J. BERGMANN (Hrsg.), Sozialer Protest].

### 8.1. Protest als Aktionsform und als Symbolsprache

Über die Definition des Begriffes „Protest" wird immer wieder diskutiert. Versuche, etwa zwischen „sozialem" und „politischem" Gehalt zu unterscheiden, erweisen sich angesichts der fließenden Übergänge im konkreten historischen Feld als ebenso wenig haltbar wie die Charakterisierung als „illegale" und „normverletzende" Aktionsformen, da die historischen Bewegungen je nach Situation „im Rahmen der Gesetzmäßigkeit bleiben oder darüber hinaus greifen, friedlich oder tumultuarisch verlaufen", sich also gegen solche Raster sperren [282: FENSKE, Protest, 148]. Diese oszillierende Gestalt deckt sich mit den vielfach „traditionalen" Formen wie den gewohnheitsrechtlich begründeten Motiven der Aktionen, die nicht auf die politische Legalität, sondern auf die *moralische Legitimität* ihrer Sozialkritik und Forderungen pochen.

*Moral und Tradition als Legitimationsbasis*

Einerseits wird die Zunahme des frühindustriellen Protestes als Ausdruck der neuen Markt- und Produzentensituation beschrieben: Materielle Not und Unterversorgung münden in Hungerunruhen, schlechte Wohn- und Arbeitsverhältnisse rufen Protestaktionen gegen Stadtverwaltungen wie Arbeitgeber hervor, im „Maschinensturm" kulminiert die Furcht vor einer neuen, „technologisch" verursachten Arbeitslosigkeit. Stets jedoch liegt das Empfinden zugrunde, daß die Prinzipien „fairer" gesellschaftlicher Beziehungen von der Gegenseite verletzt sind: jene Prinzipien der „moralischen Ökonomie", die in der vorkapitalistischen Gesellschaft auch Besitz und Herrschaft an bestimmte Vorstellungen von „gerechten " Preisen, Löhnen und Versorgungsleistungen banden [106: THOMPSON, Plebeische Kultur, 67 ff.]. Neben solchen, eher vorindustrieller Mentalität entstammenden Rüge- und Strafaktionen spielt jedoch offensichtlich auch eine Orientierung „nach vorn" eine Rolle. Manche Protestaktion scheint auch Ausdruck eines neuen Selbstwertgefühls in den Unterschichten zu sein, basierend auf deren veränderter Rolle in Produktion und Marktgeschehen. Im Wahrnehmen dieser ökonomisch-sozial neuen Stellung zeichnen sich erste schwache Umrisse von „Arbeiterbewußtsein" und „Arbeiterpolitik" ab [65: ZWAHR, Konstituierung, 265 f.].

Andererseits äußern sich im sozialen Protest auch Motive einer „kulturellen" Abwehr staatlicher wie bürgerlicher Erziehungs- und Modernisierungsprogramme. Viele Aktionen städtischer Handarbeiter oder ländlicher Gruppen lassen sich als Versuche deuten einer „Wiederherstellung alten Rechts, gekoppelt an eine agrarische und kleingewerblich-handwerkliche Lebenswelt" [301: SIEMANN, Protestbewegungen, 305]. Im Kampf um Feiertage und Feste, um Bierpreise und Gewohnheitsrechte drückt sich auch ein Beharren auf eigenen Bedürfnisstrategien und auf symbolischen Formen der Selbstdarstellung aus, die Entschlossenheit, soziale und kulturelle Autonomievorstellungen gegen juristische Einschränkungen und moralische Verbote wenigstens ein Stück weit als eigene Identität zu behaupten [88: KASCHUBA, Volkskultur, 177–207]. So gewinnt die „expressive Symbolik" des Protestes (E. P. THOMPSON) als „Sprache der Bedürfnisse" eine besondere Bedeutung, indem sie sich auf die Tradition und auf gewachsenes Recht beruft, indem sie im Rückgriff auf brauchtümliche und rituelle Praktiken den eigenen „kulturellen Dialekt" bewahren will: Formen der Geselligkeit, der Kommunikation, der Zeiteinteilung, der Erholung.

Insofern mag auch die ausschließliche Festschreibung der Protestmotive auf rückwärtsgewandte, konservative Horizonte – „Rückkehr zum alten und vertrauten, nicht dessen Überwindung durch etwas Neues erstrebte man" [34: LANGWIESCHE/SCHÖNHOVEN, Arbeiter, 24] – doch zu einseitig sein. Denn die Frontstellung scheint häufig anders: Der Konflikt geht längst nicht immer um Altes gegen Neues; Protest bedeutet nicht einfach Abwehr von Veränderung, sondern richtet sich sozial wie politisch gegen bestimmte Veränderungen „von außen" und „von oben", gegen bürgerliche Bevormundung wie gegen obrigkeitliche Gebote als *hegemoniale* Akte. Daher wirkt auch W. J. MOMMSENS Charakterisierungsversuch wenig hilfreich, der den Sozialprotest befangen sieht im Rahmen traditionaler Gesellschaftsordnung, weder fähig noch willens zur Gesellschaftsveränderung [291: Gewalt, 452]. In einem vordergründigen Politikverständnis trifft dies zu, doch erscheint der Gesamtkontext wiederum komplizierter: Angesichts des Veränderungsdrucks „von oben" können auch Beharrungsversuche und Widerständigkeiten – zugespitzt formuliert – durchaus systemkritische, ja antikapitalistische Wirkungen zeitigen, ohne dies bewußt als strategisches Ziel zu verfolgen. Sicherlich muß hier der Begriff der „Traditionalität" bzw. „Konservativität" noch präziser gefaßt und in seiner zeitgenössischen Ambivalenz rekonstruiert werden.

*Verteidigung lebensweltlicher Identität*

*Kontroverse Beurteilungen in der Forschung*

Allgemein gesprochen, wird jedenfalls *die Kultur selbst* hier zum Mittel des Widerstandes, zum Medium sozialer Selbstbehauptung. Und im Zuge der zunehmenden Politisierung vor allem zwischen dem Hambacher Fest 1832, dieser „ersten nationalen und demokratischen Massendemonstration in der neueren deutschen Geschichte" (RÜRUP), und der Revolution von 1848/49 erweist sich gerade dieser „tumultuarische" Volksprotest als Kernfigur einer „Gegenöffentlichkeit": Die unterbürgerlichen Schichten bedienen sich erstmals vergleichsweise entwickelter Formen der politischen Kommunikation, der Straßenöffentlichkeit, der Artikulation und Aktion.

## 8.2. Traditionale Form und moderne Funktion

Soziale Proteste werden damals teils in Form von Bitten und Wünschen als Resolutionen, Petitionen, Adressen vorgetragen [25: TENFELDE/TRISCHLER (Hrsg.), Bittschriften], teils in Gestalt massenhafter Straßenproteste, die der Kritik und den Forderungen den nötigen Nachdruck wie eine besondere symbolische Ausdruckskraft verleihen. Dabei verschränken sich im Blick auf die sozialen Trägergruppen wie die kulturellen Ausdrucksformen alte Modelle populären und plebejischen Protests mit neu entstehenden Aktions- und Organisationsformen früher Arbeiterpolitik. Nicht umsonst stammt der Typus des „klassenbewegten" Arbeiters der ersten Industriearbeitergeneration häufig aus dem Milieu der noch zünftlerisch sozialisierten Gesellen-Arbeiter. Auch die Forschungen in der DDR zur Frühgeschichte von Proletariat und Arbeiterbewegung gehen mittlerweile davon aus, daß zünftige Vorerfahrung keineswegs nur hinderlich gewesen sei für die Ausbildung erster Formen des Klassenbewußtseins [65: ZWAHR, Konstituierung, 46 ff.].

Einen zweiten Schritt markiert in der 1848er Revolution die Bildung von Arbeitervereinen, also der Beginn organisierter Arbeiterbewegung in Deutschland. Unter den herrschenden politischen und rechtlichen Verhältnissen halbabsolutistischer Regime verkörpert der Verein ein effektives Organisationsprinzip, in dem sich neue, eigene Formen der Erfahrungs- und Interessenorganisation herausbilden können: kulturelle Geselligkeits- und Bildungsbedürfnisse, politischen Artikulations- und Handlungsmuster. Deshalb wird der Verein zu einer „beherrschenden Gesellungsform der Arbeiterschaft" (TENFELDE), die sich zunächst im Windschatten der bürgerlichen Vereine formiert, um sich dann allmählich eigene Or-

Form- und Symboltraditionen

ganisationsformen, Bewegungsräume und politisch-soziale Kompetenzen zu erkämpfen [239: DANN (Hrsg.), Vereinswesen].

Zugleich scheinen in dieser entstehenden Arbeiterbewegungskultur eben sehr deutlich auch jene anderen Traditionslinien auf, Kontinuitäten etwa der Volkskultur in der Entwicklung vom Volks- zum Arbeitermai. Zwar läßt sich dies nicht „als geradlinige Ab- oder Erbfolge" darstellen, wohl aber als ein Zusammenhang gewisser Formen- und Sinnelemente, die gerade für den besonders „geselligen" Charakter der proletarischen Maifeier mit Frauen- und Kinderbeteiligung verantwortlich zeichnen [287: KORFF, 1. Mai, 278; 278: ACHTEN (Hrsg.), Illustrierte Geschichte; 283: FRICKE, Kleine Geschichte]. Ähnliche Kontinuitäten – mitunter sogar im Sinne feudaler Relikte – finden sich in anderen Traditionssträngen wie beim „Blauen Montag" [280: EHMER, Rote Fahnen], beim Arbeiterfest [194: TENFELDE, Fest; 288: KORFF, Fahnen] oder im Bereich von „Disziplinlosigkeit" und „Unfug" in den Fabriken [177: MACHTAN, Innenleben] – also bei Verhaltensmustern, die teilweise bis in die Zeit der Hochindustrialisierung führen.

Gewiß wird man sich vor zu einfachen Kontinuitätsvorstellungen im Verhältnis von popularer und proletarischer Kultur hüten müssen: Das gleiche Symbol meint oft nicht dasselbe. Doch sind Transfervorgänge wie Transformationsprozesse auf der Ebene von Erfahrungssegmenten wie von kulturellen Mustern unübersehbar. Namentlich Fragen nach der „proletarischen Kollektivsymbolik" [285: HAUK, Armeekorps] bzw. nach der „kommunikativen Kompetenz von Symbolformen in der Arbeiterbewegung" und nach ihrer sinnlichen Orientierungskraft gewinnen in diesem Zusammenhang neue Bedeutung; wobei KORFF zu Recht betont, daß die Beschäftigung mit solchen Symbolfragen nur eine Erweiterung der Arbeiterkultur-Forschung bedeuten könne, keinesfalls einen „Paradigmenwechsel" [288: Fahnen, 128].

### 8.3. Politik der Straße: Sozialer Protest – Arbeiterbewegung – soziale Bewegungen

So verkörpert die Geschichte der sozialen Protestbewegungen des 19. Jahrhunderts einen Lernprozeß, in dem vor- und frühindustrielle Erfahrungshorizonte und Aktionsformen vielfach miteinander verschmelzen. Teils folgt die Artikulation von Interessen und Haltungen noch dem alten, vorindustriellen Legitimationsmuster der „Sozialmoral" als der Grundlage für Empörung und Sozialkri-

*Volksmai und Arbeitermai*

tik, teils orientiert sie sich bereits hin auf ein künftiges Modell von „Arbeiterpolitik" – etwa in den Bewegungen der Revolution von 1848/49, in denen erste antikapitalistische Akzente anklingen.

Mit der sich neu formierenden Arbeiterbewegung im Kaiserreich werden dann sowohl alte Formen und Positionen der „Volksbewegung" wieder aufgenommen als auch neue, nun deutlich auf Gesellschaftsveränderung gerichtete Ziele der „Klassenbewegung" formuliert. Als ein Charakteristikum dieser Entwicklung registrieren neuere Forschungen dabei, daß neben dem parlamentarisch angelegten Weg sozialdemokratischer Politik stets auch außerparlamentarische Bewegungsformen ihre Bedeutung behalten. Die vor allem im Vormärz und während der Revolution entwickelten Formen der Straßenaktion und -öffentlichkeit bleiben als lebensweltnahe „Politik der Straße" in der Arbeiterkultur neben der gewerkschaftlichen Organisation und dem sozialdemokratischen Parteileben erhalten [281: ENGELHARDT, Organisationsverhalten] – freilich zunehmend in deren Schatten. Denn auf dem „parlamentarischen Weg" macht man zwar noch nicht endgültig seinen Frieden mit dem wilhelminischen Obrigkeitsstaat, doch die strikte Einhaltung der staatlich gesetzten Legalitätsregeln von „Politik" stärkt entscheidend das Eigengewicht formeller und institutioneller Strukturen: die „Apparate" von SPD und Gewerkschaften. Je mehr Repräsentations- und Delegationsprinzipien, je mehr „arbeiteraristokratische" Versäulungen im Organisationsgefüge und legalistische Vorstellunge vom Weg zum Sozialismus in den Vordergrund treten, desto deutlicher lassen sich Distanzen ausmachen zwischen der Sozialdemokratie und solchen Arbeitergruppen, die dem parlamentarisch-reformistischen Weg skeptisch gegenüberstehen.

*(marginal note: Parlamentarischer Weg und „Politik der Straße")*

Wie sich dieses Verhältnis von parlamentarischem und außerparlamentarischem Horizont innerhalb der Arbeiterbewegung weiterentwickelt und ob sich in Absetzung davon in der Tat eine „andere Arbeiterbewegung" [299: ROTH, Arbeiterbewegung] ausmachen läßt, die mehr dem älteren „plebejischen" Protesttypus ähnelt als dem „modernen" Sozialdemokraten, bleibt eine nur über Detail- und Fallstudien zu beantwortende Frage. Jedenfalls verweisen manche Analysen von „wilden Streiks", von Betriebsprotesten und militanten Demonstrationen in den deutschen Industriezentren auf einen anderen, weniger in den Wertehorizont institutioneller Politik integrierten und unangepaßten „rauhen Arbeiter", der zudem häufig nicht aus dem traditionellen Arbeitermilieu kommt und der auch im Kaiserreich wie in der Zwischenkriegszeit stets als erster der Er-

*(marginal note: Eine „andere Arbeiterbewegung"?)*

fahrung von Kurzarbeit und Arbeitslosigkeit unterworfen ist [57: MOOSER, Arbeiterleben, 187 ff.].
Über diese in sich eher diskontinuierlichen Arbeiter-Bewegungen besteht bislang nur ein facettenhaftes Wissen. Zu erkennen ist lediglich, daß es immer wieder eine Eigendynamik von Protest und spontaner Bewegung gibt, die sich der Kontrolle der Gewerkschaften und der sozialdemokratischen Arbeiterbewegung entzieht. Möglicherweise kristallisieren weitere Forschungen da tatsächlich einen sozialen Gegenpol zu jener „Arbeiter-Aristokratie" heraus, in der sich die „spezifische Verflechtung von Arbeiterbewegungskultur, familialer Sozialisation und Alltagskultur" verkörpert und die damit eine in sich relativ homogene Kerngruppe des „sozialdemokratischen Milieus" bildet [57: MOOSER, Arbeiterleben, 165]. In beiden jedoch, in der „Bewegungskultur" wie in den spontanen Bewegungen formen sich proletarische Politik und Öffentlichkeit zu einem spezifischen System von lebensweltlichen Erfahrungs- und Handlungsmustern, zu einer eigenen *politischen Kultur*, wie sie keine andere nicht-bürgerliche Schicht und Klasse entwickelt.

Nach 1918, mit der Radikalisierung der Arbeiterbewegung als Ausdruck der revolutionären politischen Wende in Deutschland, aber auch mit der gleichzeitigen Erfahrung der „unvollendeten" Revolution und der Hilflosigkeit angesichts von Krise und Massenarbeitslosigkeit, lassen sich in der Spaltung der Arbeiterbewegung in gewisser Weise jene beiden Typen proletarischer Bewegung wiedererkennen. Die SPD bleibt in ihrem politischen Programm wie in ihrer Kulturarbeit wesentlich eine „proletarische Honoratiorenbewegung", die sich als Erbin des wilhelminischen Aufstiegs betrachtet und feste Ordnungs-, Pflicht- und Treuevorstellungen gegenüber Bewegung *und* Nation noch stärker in ihre politische Identität aufnimmt [276: WILL/BURNS, Arbeiterkulturbewegung]: Sozialer und nationaler Horizont verschmelzen über weite Strecken ineinander. Nichts spiegelt dies deutlicher wider, als jene „sozialistische Festkultur", die zu „erstarrten Monumentalformen" politischer Selbstdarstellung führt ohne „praktikable Handlungsanweisungen für das Alltagsleben und für die Politik" [91: LANGEWIESCHE, Politik, 392].

In der KPD-Anhängerschaft wird dagegen mehr jener Typus des „rauhen Arbeiters" vermutet, dessen Gesellschaftsbild und soziales Verhalten durchaus Anklänge erkennen läßt an plebejische Mentalität, an Spontaneität und Aktionismus. Er scheint mehr ein Selbstverständnis zu verkörpern, das sich noch in der Kontinuität jener vorindustriellen „Kultur der Armut" unter den Vorzeichen

*Reform versus Revolution*

von Arbeitslosigkeit und Deprivation begreifen läßt. Entschieden
wird der „lange" institutionelle und parlamentarische Weg abge-
lehnt zugunsten einer mehr „symbolischen Politik" der Artikulation
von Wut, Enttäuschung und unmittelbarer Forderung. Wiederum
sind es vor allem junge Arbeiter, die zum Teil nicht aus dem alten
Arbeitermilieu und aus der sozialdemokratischen Tradition stammen, denen auch die neue kämpferische Symbolwelt der geballten
„proletarischen Faust" näher liegt als jene alte versöhnende der
„Bruderhand". Und im Blick auf das Ende der Weimarer Republik
wird zumindest die Vermutung diskutiert, daß gerade bei jungen,   Anfälligkeiten
„radikalen" Arbeitern eine besondere Anfälligkeit bestanden haben   gegenüber dem
könnte gegenüber dem Aufstiegsmythos der Weimarer Nationalso-   „braunen Sozialis-
zialisten als nicht-bürgerliche, scheinbar „proletarische" Bewegung   mus"?
[57: MOOSER, Arbeiterleben, 197 f.]. Zwar ist der Wechsel von der
KPD in die SA-Formationen zu Beginn der 1930er Jahre kein aus-
gesprochenes Massenphänomen. Doch sind damit sicherlich Orien-
tierungsprobleme bestimmter Arbeitergruppen vor und während
des Nationalsozialismus berührt, zumal die neuen Machthaber zwar
Arbeiterbewegung und Arbeiterkultur systematisch zerschlagen, den
„proletarischen Gestus" äußerlich jedoch fortsetzen, in seinem Sinn
und Gehalt freilich pervertiert.

    Allerdings bewegen sich solche Thesen so lange im Bereich der
Spekulation, wie die Geschichte der Arbeiterkultur und Arbeiterpolitik nicht von den organisierten Kernen noch weiter zu den „Rän-
dern" hin ausgeweitet wird [50: EVANS/GEARY (Hrsg.), Unem-
ployed]. Vorerst ist dies trotz einzelner, eher kursorischer Vorstöße
[292: NEGT/KLUGE, Öffentlichkeit] und einiger Lokal- und Fallstudien sicherlich ein äußerst unbefriedigender Zustand.

    Für die Nachkriegszeit sind lediglich Fragerichtungen anzu-
deuten. Trotz des relativ raschen Wiederaufbaus von Gewerk-
schaftsorganisationen und Arbeiterparteien läßt sich bei großen Arbeitergruppen nun eine doppelte Distanz feststellen: einerseits trotz
„Wirtschaftswunder" und sozialer „Pluralität" ein gewisses Miß-
trauen gegenüber einer neuen Nachkriegsgesellschaft mit alten So-
zialhierarchien, andererseits eine durch NS-Zeit wie Lebensorientierung eingetretene Ferne zur Arbeiterbewegung. Daraus formt sich
ein *dichotomes* Gesellschaftsbild, in dem sich soziale Erfahrung und   Klassengesellschaft
politisches Verhalten nicht mehr im ehemaligen Horizont von   ohne Klassen-
„Klassenbewußtsein" synchronisieren lassen. So bleibt trotz organi-   bewußtsein?
satorischer Wiederbelebung die inhaltliche Anknüpfung an die proletarischen Traditionen politischer Kultur weithin ebenso aus wie

auf der Seite der Lebensweise eine Neukonstitutierung „proletarischer Milieus" [57: Mooser, Arbeiterleben, 21 ff.]. Trotz mancher Untersuchungen zur Nachkriegsentwicklung, die mit entsprechenden Befunden argumentieren, mag man daran zweifeln, ob sich diese Distanzhaltungen so einfach als Ausdruck einer „kollektiven Individualisierung" in Arbeit, Politik wie Privatleben erklären lasse. Weitere, differenziertere Untersuchungen der generationenspezifischen Erfahrungs- und Wertehorizonte in der Zeit des „Wiederaufbaus" scheinen da zur Klärung unabdingbar.

Diese Geschichte der Auflösung von „Arbeiterkultur" nach 1945 – oder ihrer Rekonstitution in anderen Formen – ist nicht oder nur in Ansätzen geschrieben [182: Niethammer (Hrsg.), Nachkriegs-Erfahrungen]. Dabei zeigt der Blick auf die Gegenwart, wie wichtig die Kenntnisse solcher Brüche oder Kontinuitätslinien in der älteren und jüngeren Geschichte für die Erklärung des Heute sind: Auch die neuen „politischen Milieus" wie die „neuen sozialen Bewegungen" der 1970er und 1980er Jahre sind ohne diese Vorgeschichte und ohne das Wissen um ihre Traditionen nicht verstehbar. Politische Bewegung und Kultur basieren stets auf Übernahmen und Anleihen aus einem „historischen Gedächtnis", das Erfahrungsfragmente – seien sie noch so isoliert und bruchstückhaft überliefert wie in der deutschen Geschichte – offenbar doch auf „lange Dauer" zu bewahren vermag.

# III. Quellen und Literatur

Angesichts der Weite und der Interdisziplinarität des Forschungsfeldes kann die Bibliographie nur knappe, pointierende Hinweise geben. Auf ältere Literatur mußte weitgehend verzichtet werden, und die neuere Forschung ist in vielen Teilgebieten zwangsläufig nur ausschnitthaft dokumentiert. Daher sind insbesondere solche Monographien und Sammelbände berücksichtigt worden, die ihrerseits weitere Literatur- und Vertiefungshinweise enthalten. Die für Zeitschriften verwendeten Abkürzungen entsprechen denen der „Historischen Zeitschrift".

## A. Quellen, Materialien, Bibliographien

1. H. L. ARNOLD (Hrsg.), Handbuch zur deutschen Arbeiterliteratur. Band 1, 2 (Bibliographie), München 1977.
2. K. BERGMANN (Hrsg.), Schwarze Reportagen. Aus dem Leben der untersten Schichten vor 1914. Reinbek 1984.
3. G. BOLLENBECK, Zur Theorie und Geschichte der frühen Arbeiterlebenserinnerungen. Kronberg 1976.
4. M. T. W. BROMME, Lebensgeschichte eines modernen Fabrikarbeiters. Erstersch. 1905, Frankfurt 1971.
5. U. DANIEL, Bibliographie zur Sozialgeschichte der Frauen 1800–1914, in: E. WALTER (Hrsg.), Schrieb oft, von Mägde Arbeit müde. Düsseldorf 1985, 247–278.
6. W. EMMERICH (Hrsg.), Proletarische Lebensläufe. Autobiographische Dokumente zur Entstehung der zweiten Kultur in Deutschland. 2 Bände, Reinbek 1974/75.
7. J. FLEMMING/K. SAUL/P.-C. WITT (Hrsg.), Familienleben im Schatten der Krise. Dokumente und Analysen zur Sozialgeschichte der Weimarer Republik 1918–1933.Düsseldorf 1988.
8. P. GÖHRE, Drei Monate Fabrikarbeiter und Handwerksbursche. Leipzig 1891.
9. H. HENNING, Quellen zur sozialgeschichtlichen Entwicklung in Deutschland von 1815–1860. Paderborn 1977.
10. G. HOHORST/J. KOCKA/G. A. RITTER, Sozialgeschichtliches Arbeitsbuch. Materialien zur Statistik des Kaiserreichs 1870–1914. München 1975.
11. S. u. W. JACOBEIT, Illustrierte Alltagsgeschichte des deutschen Volkes. Band 2 (1810–1900), Leipzig usw. 1987.
12. M. KLUCK/R. ZIMMERMANN, Arbeiterkultur. Forschungs- und Literaturdokumentation 1979–1982. Bonn 1984.
13. F. KNILLI/U. MÜNCHOW (Hrsg.), Frühes deutsches Arbeitertheater 1847–1918. Eine Dokumentation. München 1970.

14. F. G. Kürbisch (Hrsg.), Der Arbeitsmann, er stirbt, verdirbt, wann steht er auf? Sozialreportagen 1880 bis 1918. Berlin/Bonn 1982.
15. A. Levenstein, Die Arbeiterfrage. München 1912.
16. A. Popp, Die Jugendgeschichte einer Arbeiterin, von ihr selbst erzählt. München 1909.
17. F. Rehbein, Das Leben eines Landarbeiters. Erstersch. 1911, Darmstadt/Neuwied 1973.
18. P. v. Rüden (Hrsg.), Beiträge zur Kulturgeschichte der deutschen Arbeiterbewegung. Band 1, 2 (Dokumente), Frankfurt usw. 1978/79.
19. M. Richarz, Jüdisches Leben in Deutschland 1918–1945. Stuttgart 1982.
20. K. Saul et al. (Hrsg.), Arbeiterfamilien im Kaiserreich. Materialien zur Sozialgeschichte in Deutschland 1871–1914. Düsseldorf 1982.
21. J. Schlumbohm (Hrsg.), Kinderstuben. Wie Kinder zu Bauern, Bürgern, Aristokraten wurden. 1700–1850. München 1983.
22. L. Steinbach, Sozialgeschichte, Arbeitergeschichte, erinnerte Geschichte. Anmerkungen zu Erträgen neuerer Oral-History-Forschungen in der deutschsprachigen Historiographie, in: AfS XXVII (1988), 541–600.
23. K. Tenfelde, Bergarbeiterkultur in Deutschland, in: Nr. 89, 12–53.
24. K. Tenfelde/G. A. Ritter (Hrsg.), Bibliographie zur Geschichte der deutschen Arbeiterschaft und Arbeiterbewegung 1830–1914. Bonn 1981.
25. K. Tenfelde/H.Trischler (Hrsg.), Bis vor die Stufen des Throns. Bittschriften und Beschwerden von Bergleuten im Zeitalter der Industrialisierung. München 1986.
26. L. Turek, Ein Prolet erzählt. Lebensschilderung eines deutschen Arbeiters. Erstersch. 1929, Leipzig 1968.
27. T. Weber (Hrsg.), Mägde. Lebenserinnerungen an die Dienstbotenzeit bei Bauern. Wien usw. 1985.

# B. Literatur

## 0. Allgemeine und themenübergreifende Darstellungen, Sammelbände

28. W. CONZE/U. ENGELHARDT (Hrsg.), Arbeiter im Industrialisierungsprozeß. Herkunft – Lage – Verhalten. Stuttgart 1979.
29. R. J. EVANS (Hrsg.), The German Working Class 1888–1933: The Politics of Everyday Life. London 1982.
30. F. W. HENNING, Die Industrialisierung in Deutschland 1800–1914. Paderborn 1973.
31. J. HERMAND/F. TROMMLER, Die Kultur der Weimarer Republik. München 1978.
32. H. G. HUSUNG, Protest und Repression im Vormärz. Norddeutschland zwischen Restauration und Revolution. Göttingen 1983.
33. J. KUCZYNSKI, Geschichte des Alltags des Deutschen Volkes. 5 Bände, Berlin 1980ff.
34. D. LANGEWIESCHE/K. SCHÖNHOVEN (Hrsg.), Arbeiter in Deutschland. Studien zur Lebensweise der Arbeiterschaft im Zeitalter der Industrialisierung. Paderborn 1981.
35. F. LENGER, Sozialgeschichte der deutschen Handwerker seit 1800. Frankfurt 1988.
36. P. MARSCHALCK, Bevölkerungsgeschichte Deutschlands im 19. und 20. Jahrhundert. Frankfurt 1984.
37. M. MITTERAUER, Sozialgeschichte der Jugend. Frankfurt 1986.
38. H. MOMMSEN/W. SCHULZE (Hrsg.), Vom Elend der Handarbeit. Probleme historischer Unterschichtsforschung. Stuttgart 1981.
39. B. MOORE, Ungerechtigkeit. Die sozialen Ursachen von Unterordnung und Widerstand. Frankfurt 1982.
40. G. L. MOSSE, Der nationalsozialistische Alltag. Königstein 1978.
41. T. NIPPERDEY, Religion und Gesellschaft: Deutschland um 1900, in: HZ 246 (1988), 591–615.
42. S. POLLARD (Hrsg.), Region und Industrialisierung. Studien zur Rolle der Region in der Wirtschaftsgeschichte der letzten zwei Jahrhunderte. Göttingen 1980.
43. J. REULECKE/W. WEBER (Hrsg.), Fabrik, Familie, Feierabend. Beiträge zur Sozialgeschichte des Alltags im Industriezeitalter. Wuppertal 1978.
44. W. RUPPERT (Hrsg.), Die Arbeiter. Lebensformen, Alltag und Kultur von der Frühindustrialisierung bis zum „Wirtschaftswunder". München 1986.
45. W. SCHIEDER (Hrsg.), Volksreligiosität in der modernen Sozialgeschichte. Göttingen 1986 (= GG Sonderheft 11).
46. W. SCHIEDER, Religion in der Sozialgeschichte, in: DERS./V. SELLIN (Hrsg.), Sozialgeschichte in Deutschland III. Göttingen 1987, 9–13.

# 1. Nationale und regionale Klassenbildungsprozesse

47. W. Conze/U. Engelhardt (Hrsg.), Arbeiterexistenz im 19. Jahrhundert. Lebensstandard und Lebensgestaltung deutscher Arbeiter und Handwerker. Stuttgart 1981.

48. D. Crew, Bochum: Sozialgeschichte einer Industriestadt 1860–1914. Frankfurt usw. 1980.

49. K. Ditt, Industrialisierung, Arbeiterschaft und Arbeiterbewegung in Bielefeld 1830–1914. Dortmund 1982.

50. R. J. Evans/D. Geary (Hrsg.), The German Unemployed: Experiences and Consequences of Mass Unemployment from the Weimar Republic to the Third Reich. London 1987.

51. J. Flemming, Die vergessene Klasse: Literatur zur Geschichte der Landarbeiter in Deutschland, in: K. Tenfelde (Hrsg.), Arbeiter und Arbeiterbewegung im Vergleich. München 1986, 389–418.

52. H. Haumann (Hrsg.), Arbeiteralltag in Stadt und Land. Berlin 1982.

53. J. Kocka, Lohnarbeit und Klassenbildung: Arbeiter und Arbeiterbewegung in Deutschland. 1800–1876. Berlin/Bonn 1983.

54. P. Kriedte/H. Medick/J. Schlumbohm, Industrialisierung vor der Industrialisierung. Göttingen 1978.

55. J. Mooser, Abschied von der „Proletarität". Sozialstruktur und Lage der Arbeiterschaft in der BRD in historischer Perspektive, in: W. Conze/R. M. Lepsius (Hrsg.), Sozialgeschichte der BRD. Stuttgart 1983, 143–186.

56. J. Mooser, Ländliche Klassengesellschaft 1770–1848. Bauern und Unterschichten, Landwirtschaft und Gewerbe im östlichen Westfalen. Göttingen 1984.

57. J. Mooser, Arbeiterleben in Deutschland 1900–1970. Klassenlagen, Kultur und Politik. Frankfurt 1984.

58. T. Pierenkemper, „Dienstbotenfrage" und Dienstmädchenarbeitsmarkt am Ende des 19. Jahrhunderts, in: AfS XXVIII (1988), 173–201.

59. H. Pohl (Hrsg.), Forschungen zur Lage der Arbeiter im Industrialisierungsprozeß. Stuttgart 1978.

60. H. Schäfer, Die Industriearbeiter. Lage und Lebenslauf im Bezugsfeld von Beruf und Betrieb, in: H. Pohl (Hrsg.), Sozialgeschichtliche Probleme in der Zeit der Hochindustrialisierung. Paderborn 1979, 143–216.

61. H. Schomerus, Die Arbeiter der Maschinenfabrik Eßlingen. Forschungen zur Lage der Arbeiterschaft im 19. Jahrhundert. Stuttgart 1977.

62. V.-M. Stefanski, Zum Prozeß der Emanzipation und Integration von Außenseitern: Polnische Arbeitsmigranten im Ruhrgebiet. Dortmund 1984.

63. K. Tenfelde, Sozialgeschichte der Bergarbeiterschaft an der Ruhr im 19. Jahrhundert. Bonn/Bad Godesberg 1977.

64. H.-U. Wehler (Hrsg.), Klassen in der europäischen Sozialgeschichte. Göttingen 1979.

65. H. Zwahr, Zur Konstituierung des Proletariats als Klasse. Strukturuntersuchung über das Leipziger Proletariat während der Industriellen Revolution. Berlin 1978.

129. M. SCHARFE, Die Religion des Volkes. Kleine Kultur- und Sozialgeschichte des Pietismus. Gütersloh 1980.
130. H. J. TEUTEBERG (Hrsg.), Urbanisierung im 19. und 20. Jahrhundert. Historische und geographische Aspekte. Köln usw. 1983.
131. R. v. THADDEN, Kirchengeschichte als Gesellschaftsgeschichte, in: GG 9 (1983), 598–614.
132. H. WUNDER, Die bäuerliche Gemeinde in Deutschland. Göttingen 1986.
133. C. ZIMMERMANN, Dorf und Land in der Sozialgeschichte, in: W. SCHIEDER/V. SELLIN (Hrsg.), Sozialgeschichte in Deutschland II. Göttingen 1986, 90–112.

## 4. Familienformen und Geschlechterrollen

134. P. BORSCHEID/H. J. TEUTEBERG (Hrsg.), Ehe, Liebe, Tod. Zum Wandel der Familie, der Geschlechts- und Generationenbeziehungen in der Neuzeit. Münster 1983.
135. F.-J. BRÜGGEMEIER/L. NIETHAMMER, Schlafgänger, Schnapskasinos und schwerindustrielle Kolonie, in: Nr. 43, 135–175.
136. A. CASTELL, Unterschichten im „Demographischen Übergang", in: Nr. 38, 373–394.
137. I. DÖLLING, Frauen- und Männerbilder als Gegenstand kulturtheoretischer Forschung, in: Weimarer Beiträge 34 (1988), 556–579.
138. W. FREITAG, Haushalt und Familie in traditionellen Gesellschaften. Konzepte, Probleme und Perspektiven der Forschung, in: GG 14 (1988), 5–37.
139. U. FREVERT, Frauen-Geschichte. Zwischen bürgerlicher Verbesserung und neuer Weiblichkeit. Frankfurt 1986.
140. U. GERHARD, Verhältnisse und Verhinderungen. Frauenarbeit, Familie und Rechte der Frauen im 19. Jahrhundert. Frankfurt 1978.
141. K. HAUSEN, Die Polarisierung der „Geschlechtscharaktere" – Eine Spiegelung der Dissoziation von Erwerbs- und Familienleben, in: W. CONZE (Hrsg.), Sozialgeschichte der Familie in der Neuzeit Europas. Stuttgart 1977, 367–393.
142. K. HAUSEN, Mütter zwischen Geschäftsinteresse und kultischer Verehrung. Der „Deutsche Muttertag" in der Weimarer Republik, in: Nr. 250, 249–280.
143. A. E. IMHOF, Die verlorenen Welten. Alltagsbewältigung durch unsere Vorfahren. München 1984.
144. J. KOCKA et al., Familie und soziale Plazierung. Opladen 1980.
145. E. LERCH, Kulturelle Sozialisation von Arbeitern im Kaiserreich. Frankfurt usw. 1985.
146. K.-J. MATZ, Pauperismus und Bevölkerung. Die gesetzlichen Eheschränkungen in den süddeutschen Staaten während des 19. Jahrhunderts. Stuttgart 1980.
147. H. MEDICK, Zur strukturellen Funktion von Haushalt und Familie im Übergang von der traditionellen Agrargesellschaft zum industriellen Kapitalismus: die protoindustrielle Familienwirtschaft, in: Nr. 141, 254–282.

## 2. Volkskultur, Arbeiterkultur, Massenkultur

66. J. ALTHAUS et al., Da ist nirgends nichts gewesen außer hier. Das „rote Mössingen" im Generalstreik gegen Hitler. Berlin 1982.
67. P. ASSION (Hrsg.), Transformationen der Arbeiterkultur. Marburg 1986.
68. P. ASSION, Von der Volksforschung zur volkskundlichen Kultursoziologie, in: J. CHIVA/U. JEGGLE (Hrsg.), Deutsche Volkskunde – Französische Ethnologie. Frankfurt 1987, 153–177.
69. H. BAUSINGER, Volkskultur in der technischen Welt. Stuttgart 1961.
70. H. BAUSINGER, Verbürgerlichung – Folgen eines Interpretaments, in: Nr. 34, 98–117.
71. H. BAUSINGER, Volkskultur und Sozialgeschichte, in: Nr. 46, 32–49.
72. R. M. BERDAHL et al., Klassen und Kultur. Sozialanthropologische Perspektiven in der Geschichtsschreibung. Frankfurt 1982.
73. F. BOLL (Hrsg.), Arbeiterkulturen zwischen Alltag und Politik. Beiträge zum europäischen Vergleich in der Zwischenkriegszeit. Wien usw. 1986.
74. P. BOURDIEU, Die feinen Unterschiede. Kritik der gesellschaftlichen Urteilskraft. Frankfurt 1982.
75. W. BREPOHL, Industrievolk im Wandel von der agraren zur industriellen Daseinsform, dargestellt am Ruhrgebiet. Tübingen 1957.
76. F.-J. BRÜGGEMEIER, Leben in Bewegung. Zur Kultur unständiger Arbeiter im Kaiserreich, in: R. v. DÜLMEN (Hrsg.), Armut, Liebe, Ehre. Studien zur historischen Kulturforschung. Frankfurt 1988, 225–257.
77. P. BURKE, Helden, Schurken und Narren. Europäische Volkskultur in der frühen Neuzeit. Stuttgart 1982.
78. H. DEHNE, Aller Tage Leben. Zu neuen Forschungsansätzen im Beziehungsfeld von Alltag, Lebensweise und Kultur der Arbeiterklasse, in: Jahrbuch für Volkskunde und Kulturgeschichte NF 13 (1985), 9–48.
79. R. v. DÜLMEN/N. SCHINDLER (Hrsg.), Volkskultur. Zur Wiederentdeckung des vergessenen Alltags (16.–20. Jahrhundert). Frankfurt 1984.
80. C. GINZBURG, Der Käse und die Würmer. Die Welt eines Müllers um 1600. Frankfurt 1979.
81. H. GLASER/W. RUPPERT/N. NEUDECKER (Hrsg.), Industriekultur in Nürnberg. München 1980.
82. I.-M. GREVERUS, Kultur, in: W. R. LANGENBUCHER et al. (Hrsg.), Kulturpolitisches Wörterbuch BRD/DDR im Vergleich. Stuttgart 1983, 344–347.
83. N. HALIL, Türkische Arbeiter in Münster. Münster 1978.
84. A. HELLER, Das Alltagsleben. Versuch einer Erklärung der individuellen Reproduktion. Frankfurt 1978.
85. A. HERZIG/D. LANGEWIESCHE/A. SYWOTTEK (Hrsg.), Arbeiter in Hamburg. Unterschichten, Arbeiter und Arbeiterbewegung seit dem ausgehenden 18. Jahrhundert. Hamburg 1983.
86. W. JACOBEIT/U. MOHRMANN (Hrsg.), Kultur und Lebensweise des Proletariats. Berlin 1973.
87. W. KASCHUBA, Mythos oder Eigensinn? Aktuelle Zugänge zur Volkskultur, in: U. JEGGLE u.a. (Hrsg.), Volkskultur in der Moderne. Reinbek 1986, 469–507.

88 .W. KASCHUBA, Volkskultur zwischen feudaler und bürgerlicher Gesell-
    schaft. Zur Geschichte eines Begriffs und seiner gesellschaftlichen Wirk-
    lichkeit. Frankfurt/New York 1988.
89. J. KOCKA (Hrsg.), Arbeiterkultur im 19. Jahrhundert. Göttingen 1979
    (= GG 5, 1979, H. 1).
90. D. KRAMER, Theorien zur historischen Arbeiterkultur. Marburg 1987.
91. D. LANGEWIESCHE, Politik – Gesellschaft – Kultur. Zur Problematik von
    Arbeiterkultur und kulturellen Arbeiterorganisationen in Deutschland
    nach dem Ersten Weltkrieg, in: AfS XXII (1982), 359–401.
92. A. LEHMANN (Hrsg.), Studien zur Arbeiterkultur. Münster 1984.
93. V. L. LIDTKE, The Alternative Culture. Socialist Labor in Imperial Ger-
    many. Oxford 1985.
94. A. LÜDTKE (Hrsg.), Alltagsgeschichte. Zur Rekonstruktion historischer
    Erfahrungen und Lebensweisen. Frankfurt/New York 1989.
95. B. MAHNKOPF, Verbürgerlichung. Die Legende vom Ende des Proleta-
    riats. Frankfurt/New York 1985.
96. H. MEDICK, Plebejische Kultur, plebejische Öffentlichkeit, plebejische
    Ökonomie, in: Nr. 72, 157–204.
97. R. MUCHEMBLED, Kultur des Volks – Kultur der Eliten. Die Geschichte
    einer erfolgreichen Verdrängung. Stuttgart 1982.
98. D. MÜHLBERG (Hrsg.), Arbeiterleben um 1900. Berlin 1983.
99. D. MÜHLBERG, Zum Stand kulturgeschichtlicher Proletariatsforschung
    in der DDR, in: Nr. 73, 71–88.
100. W.-E. PEUCKERT, Volkskunde des Proletariats. Frankfurt 1931.
101. D. J. K. PEUKERT, Arbeiteralltag – Mode oder Methode? in: Nr. 52,
    8–39.
102. G. A. RITTER, Die Arbeiterbewegung im Wilhelminischen Reich.
    2. Aufl. Berlin 1963.
103. G. A. RITTER (Hrsg.), Arbeiterkultur. Königstein 1979.
104. O. RÜHLE, Illustrierte Kultur- und Sittengeschichte des Proletariats.
    2 Bände, Erstersch. 1930, Lahn/Gießen 1977.
105. N. SCHINDLER, Spuren in die Geschichte der „anderen" Zivilisation.
    Probleme und Perspektiven einer historischen Volkskulturforschung,
    in: Nr. 79, 13–77.
106. E. P. THOMPSON, Plebeische Kultur und moralische Ökonomie. Aufsätze
    zur englischen Sozialgeschichte des 18. und 19. Jahrhunderts. Hrsgg. v.
    D. Groh. Frankfurt usw. 1980.
107. H.-U. WEHLER, Alltagsgeschichte: Königsweg zu neuen Ufern oder Irr-
    garten der Illusion? in: DERS., Aus der Geschichte lernen? München
    1988, 130–151.
108. R. WEINHOLD (Hrsg.), Volksleben zwischen Zunft und Fabrik. Studien
    zur Kultur und Lebensweise werktätiger Klassen und Schichten wäh-
    rend des Übergangs vom Feudalismus zum Kapitalismus. Berlin 1982.

## 3. Städtische und dörfliche Lebenswelt

109. W. K. BLESSING, Staat und Kirche in der Gesellschaft. Institutionelle
    Autorität und mentaler Wandel in Bayern während des 19. Jahrhun-
    derts. Göttingen 1982.
110. J. BOBERG/T. FICHTER/E. GILLEN, Die Metropole. Industriekultur in
    Berlin im 20. Jahrhundert. München 1986.
111. R. BRAUN, Sozialer und kultureller Wandel in einem ländlichen Indu-
    striegebiet (Zürcher Oberland) unter Einbeziehung des Maschinen- und
    Fabrikwesens im 19. und 20. Jahrhundert. Erlenbach usw. 1965.
112. W. BRÜCKNER/G. KORFF/M. SCHARFE, Volksfrömmigkeitsforschung.
    Würzburg/München 1986.
113. C. DAXELMÜLLER, Volksfrömmigkeit, in: R. W. BREDNICH (Hrsg.)
    Grundriß der Volkskunde. Berlin 1988, 329–351.
114. C. DIPPER, Die Bauernbefreiung in Deutschland 1790–1850. Stuttg
    1980.
115. R. v. DÜLMEN, Religionsgeschichte in der historischen Sozialforsch
    in: GG 6 (1980), 36–59.
116. H. HARNISCH, Kapitalistische Agrarreform und Industrielle Revo
    Agrarhistorische Untersuchungen über das ostelbische Preuß
    schen Spätfeudalismus und bürgerlicher Revolution von 1848.
    1984.
117. W. KASCHUBA/C. LIPP, Dörfliches Überleben. Zur Geschicht
    ler und sozialer Reproduktion ländlicher Gesellschaft im 19.
    20. Jahrhundert. Tübingen 1982.
118. W. KASCHUBA, Leben im Dorf, in: H. HEER/V. ULLRICH
    schichte entdecken. Reinbek 1985, 75–89.
119. G. KORFF, Kulturkampf und Volksfrömmigkeit, in: Nr.
120. A. KRAUS, Die rechtliche Lage der Unterschichten im Ü
    Agrar- zur Industriegesellschaft, in: Nr. 38, 243–258.
121. D. LANGEWIESCHE, Wanderungsbewegungen in der H
    rung. Regionale, interstädtische und innerstädtis
    Deutschland 1880–1914, in: VSWG 64 (1977), 1–40
122. P. LASLETT, Verlorene Lebenswelten. Geschichte
    Gesellschaft. Wien/Köln 1988.
123. F. LENGER/D. LANGEWIESCHE, Räumliche Mobili
    und nach dem Ersten Weltkrieg, in: Nr. 220, 1C
124. H. MATZERATH (Hrsg.), Städtewachstum und i
    veränderungen. Probleme des Urbanisierungs
    Jahrhundert. Stuttgart 1985.
125. T. NIPPERDEY, Religion im Umbruch. Münc
126. U. PLANCK, Landjugendliche werden Erv
    phase im ländlichen Westdeutschland im
    und 1980. Hohenheim 1983.
127. H.-J. RACH/B. WEISSEL/H. PLAUL (Hrsg
    rung in der Magdeburger Börde. Studie
    ginn des 20. Jahrhunderts bis zum An
128. J. REULECKE, Geschichte der Urbanis
    1985.

148. H. MEDICK/D. SABEAN (Hrsg.), Emotionen und materielle Interessen. Sozialanthropologische und historische Beiträge zur Familienforschung. Göttingen 1984.
149. M. MITTERAUER/R. SIEDER (Hrsg.) Historische Familienforschung. Frankfurt 1982.
150. F. NEIDHARDT, Die Familie in Deutschland: Gesellschaftliche Stellung, Struktur und Funktionen. 4. Aufl. Opladen 1975.
151. R. P. NEUMANN, Geburtenkontrolle der Arbeiterklasse im Wilhelminischen Deutschland, in: Nr. 34, 187–205.
152. H. ROSENBAUM, Formen der Familie. Untersuchungen zum Zusammenhang von Familienverhältnissen, Sozialstruktur und sozialem Wandel in der deutschen Gesellschaft des 19. Jahrhunderts. Frankfurt 1982.
153. H. SCHOMERUS, Lebenszyklus und Lebenshaltung in Arbeiterhaushaltungen des 19. Jahrhunderts, in: Nr. 28, 195–200.
154. R. SCHÜREN, Strukturen sozialer Ungleichheit und Fertilität, in: Nr. 47, 163–193.
155. E. SHORTER, Die Geburt der modernen Familie. Reinbek 1977.
156. R. SIEDER, Sozialgeschichte der Familie. Frankfurt 1987.
157. I. WEBER-KELLERMANN, Die deutsche Familie. Versuch einer Sozialgeschichte. Frankfurt 1978.

## 5. Kultur der Arbeit

158. S. BECKER, Arbeit und Gerät als Zeichensetzung bäuerlicher Familienstrukturen. Marburg 1985.
159. R. BEIER, Frauenarbeit und Frauenalltag im Deutschen Kaiserreich. Frankfurt/New York 1983.
160. R. BRAUN, Die Fabrik als Lebensform, in: Nr. 79, 299–351.
161. F.-J. BRÜGGEMEIER, Leben vor Ort. Ruhrbergleute und Ruhrbergbau 1889–1919. München 1983.
162. P. CASPARD, Die Fabrik auf dem Dorf, in: Nr. 296, 105–142.
163. J. EHMER, Frauenarbeit und Arbeiterfamilie in Wien. Vom Vormärz bis 1934, in: GG 7 (1981), 438–473.
164. N. GÉROME, Das Sankt-Eligius-Fest in den Schmieden der Renault-Betriebe von Billancourt. Industrielle Kultur und Klassenkämpfe, in: Nr. 73, 143–154.
165. H. GLASER, Maschinenwelt und Alltagsleben. Industriekultur in Deutschland vom Biedermeier bis zur Weimarer Republik. Frankfurt 1981.
166. A. GRIESSINGER, Das symbolische Kapital der Ehre. Streikbewegungen und kollektives Bewußtsein deutscher Handwerksgesellen im 18. Jahrhundert. Frankfurt usw. 1981.
167. K. HAUSEN, Große Wäsche. Technischer Fortschritt und sozialer Wandel in Deutschland vom 18. bis ins 20. Jahrhundert, in: GG 13 (1987), 273–303.
168. R. G. HEINZE, Soziale Lage und Deutungsmuster von Arbeiter-Bauern, in: O. POPPINGA (Hrsg.), Produktion und Lebensverhältnisse auf dem Land. Opladen 1979, 194–209.

169. P. Hinrichs, Um die Seele des Arbeiters. Arbeitspsychologie, Industrie- und Betriebssoziologie in Deutschland 1871–1945. Köln 1981.

170. H. Inhetveen/M. Blasche, Frauen in der kleinbäuerlichen Landwirtschaft. Opladen 1983.

171. U. Jeggle, Kiebingen – Eine Heimatgeschichte. Zum Prozeß der Zivilisation in einem schwäbischen Dorf. Tübingen 1977.

172. W. Kaschuba, Volkskultur und Arbeiterkultur als symbolische Ordnungen, in: Nr. 94, 191–223.

173. H. Kern/M. Schumann, Industriearbeit und Arbeiterbewußtsein. Frankfurt 1977.

174. A. Kugler, Von der Werkstatt zum Fließband. Etappen der frühen Automobilproduktion in Deutschland, in: GG 13 (1987), 273–303.

175. A. Lüdtke, Arbeitsbeginn, Arbeitspausen, Arbeitsende. Skizzen zur Bedürfnisbefriedigung und Industriearbeit im 19. und frühen 20. Jahrhundert, in: Nr. 250, 95–122.

176. A. Lüdtke, „Deutsche Qualitätsarbeit", „Spielereien" am Arbeitsplatz und „Fliehen" aus der Fabrik: Industrielle Arbeitsprozesse und Arbeiterverhalten in den 1920er Jahren, in: Nr. 73, 155–197.

177. L. Machtan, Zum Innenleben deutscher Fabriken im 19. Jahrhundert. Die formelle und informelle Verfassung von Industriebetrieben, anhand von Beispielen aus dem Bereich der Textil- und Maschinenproduktion (1869–1891), in: AfS XXI (1981), 179–236.

178. E. Matthias/K. Schönhoven (Hrsg.), Solidarität und Menschenwürde. Etappen der deutschen Gewerkschaftsgeschichte von den Anfängen bis zur Gegenwart. Bonn 1984.

179. H. Müller, Dienstbare Geister. Leben und Arbeitswelt städtischer Dienstboten. Ausstellungskatalog, Berlin 1981.

180. W. Müller/A. Willms/J. Handl, Strukturwandel der Frauenarbeit 1880–1980. Frankfurt/New York 1983.

181. U. Nienhaus, Berufsstand weiblich. Die ersten weiblichen Angestellten. Berlin 1982.

182. L. Niethammer (Hrsg.), „Hinterher merkt man, daß es richtig war, daß es nicht schiefgegangen ist." Nachkriegs-Erfahrungen im Ruhrgebiet. Berlin 1983.

183. L. Niethammer/A. v. Plato (Hrsg.), „Wir kriegen jetzt andere Zeiten". Berlin/Bonn 1985.

184. H. Plaul, Grundzüge der Entwicklung von Lebensweise und Kultur der einheimischen Landarbeiterschaft in den Dörfern der Magdeburger Börde, in: H.-J. Rach/B. Weissel (Hrsg.), Bauern und Landarbeiter im Kapitalismus in der Magdeburger Börde. Berlin 1982, 79–115.

185. H.-J. Rupieper, Arbeiter und Angestellte im Zeitalter der Industrialisierung. Eine sozialgeschichtliche Studie am Beispiel der Maschinenfabriken Augsburg und Nürnberg (MAN) 1837–1914. Frankfurt/New York 1982.

186. M. Scharfe, Bäuerliches Gesinde im Württemberg des 19. Jahrhunderts: Lebensweise und Lebensperspektiven, in: Nr. 52, 40–60.

187. J. Schlumbohm, Der saisonale Rhythmus der Leinenproduktion im Osnabrücker Lande während des späten 18. und der ersten Hälfte des 19. Jahrhunderts, in: AfS XIX (1979), 263–298.

188. B. SCHÖNE, Kultur und Lebensweise Lausitzer Bandweber (1750–1850). Berlin 1977.
189. O. SCHOLZ, Arbeiterselbstbild und Arbeiterfremdbild zur Zeit der industriellen Revolution. Berlin 1980.
190. H. SCHULTZ, Landhandwerk und ländliche Sozialstruktur um 1900, in: Jahrbuch für Wirtschaftsgeschichte 1981/II, 11–49.
191. H. SEDATIS, Liberalismus und Handwerk in Südwestdeutschland. Stuttgart 1979.
192. U. STOLLE, Arbeiterpolitik im Betrieb. Frauen und Männer, Reformisten und Radikale, Fach- und Massenarbeiter bei Bayer, BASF, Bosch und in Solingen. Frankfurt/New York 1980.
193. K. TENFELDE, Ländliches Gesinde in Preußen. Gesinderecht und Gesindestatistik 1810 bis 1861, in: AfS XIX (1979), 189–229.
194. K. TENFELDE, Das Fest der Bergleute, in: Nr. 103, 209–245.
195. K. TENFELDE (Hrsg.), Arbeitserfahrung in der Geschichte. Göttingen 1986.
196. H. U. THAMER, Arbeit und Solidarität. Formen und Entwicklungen der Handwerkermentalität im 18. und 19. Jahrhundert in Deutschland und Frankreich, in: U. ENGELHARDT (Hrsg.), Handwerker in der Industrialisierung. Stuttgart 1984, 469–496.
197. U. VOLMERG, Identität und Arbeitserfahrung. Eine theoretische Konzeption zu einer Sozialpsychologie der Arbeit. Frankfurt 1978.
198. D. WIERLING, Mädchen für alles. Arbeitsalltag und Lebensgeschichte städtischer Dienstmädchen um die Jahrhundertwende. Berlin usw. 1987.
199. R. WIRTZ, Die Ordnung der Fabrik ist nicht die Fabrikordnung, in: Nr. 52, 61–88.
200. H.-J. ZERWAS, Arbeit als Besitz. Das ehrbare Handwerk zwischen Bruderliebe und Klassenkampf. Reinbek 1988.

## 6. Wohnung, Kleidung, Essen

201. G. ASMUS (Hrsg.), Hinterhof, Keller und Mansarde. Einblicke in Berliner Wohnungselend 1901–1920. Hamburg 1982.
202. K. BAUMGARTEN, Das deutsche Bauernhaus. Berlin 1980.
203. A. R. BENSCHEIDT, Kleinbürgerlicher Besitz. Nürtinger Handwerksinventare von 1660 bis 1840. Münster 1985.
204. J. BIECKER/W. BUSCHMANN (Hrsg.), Arbeitersiedlungen im 19. Jahrhundert. Bochum 1985.
205. G. BÖTH, Kleidungsforschung, in: Nr. 113, 153–169.
206. B. DENEKE, Aspekte der Modernisierung städtischer und ländlicher Kleidung zwischen 1770 und 1830, in: G. WIEGELMANN (Hrsg.), Wandel der Alltagskultur seit dem Mittelalter. Münster 1987, 161–177.
207. J. EHMER, Wohnen ohne eigene Wohnung. Zur sozialen Stellung von Untermietern und Bettgehern, in: Nr. 215, 132–150.
208. J. F. GEIST/K. KÜRVERS, Das Berliner Mietshaus 1862–1945. München 1984.
209. I. und U. HERLYN, Wohnverhältnisse in der BRD. Frankfurt/New York 1976.

210. P. Höher, Konstanz und Wandel in Wohnausstattung und Hauswirtschaft (1630–1899), in: Nr. 206, 309–332.
211. W. Kaschuba, Konsum – Lebensstil – Bedürfnis. Zum Problem materieller Indikatoren in der Kultur- und Mentalitätsgeschichte, in: SOWI 17 (1988), 133–138.
212. D. Könenkamp, Wirtschaft, Gesellschaft und Kleidungsstil in den Vierlanden während des 18. und 19. Jahrhunderts. Göttingen 1978.
213. D. Langewiesche, Politische Orientierung und soziales Verhalten. Familienleben und Wohnverhältnisse von Arbeitern im „roten" Wien der Ersten Republik, in: Nr. 215, 172–1987.
214. R.-E. Mohrmann, Ländliches Wohnverhalten in Niedersachsen von der Mitte des 19. Jahrhunderts bis um 1930, in: AfS XIX (1979), 425–457.
215. L. Niethammer (Hrsg.), Wohnen im Wandel. Beiträge zur Geschichte des Alltags in der bürgerlichen Gesellschaft. Wuppertal 1979.
216. L. Niethammer/F.-J. Brüggemeier, Wie wohnten Arbeiter im Kaiserreich? in: AfS XVI (1976), 61–134.
217. A. v. Saldern, Neues Wohnen. Wohnverhältnisse und Wohnverhalten in Großanlagen der 20er Jahre, in: Nr. 220, 201–221.
218. R. Sandgruber, Die Anfänge der Konsumgesellschaft. Konsumgüterverbrauch und Alltagskultur in Österreich im 18. und 19. Jahrhundert. Wien 1982.
219. R. Sandgruber, Bittersüße Genüsse. Kulturgeschichte der Genußmittel. Wien usw. 1986.
220. A. Schild/A. Sywottek (Hrsg.), Massenwohnung und Eigenheim. Wohnungsbau und Wohnen in der Großstadt seit dem Ersten Weltkrieg. Frankfurt/New York 1988.
221. W. Schivelbusch, Das Paradies, der Geschmack und die Vernunft. Eine Geschichte der Genußmittel. München 1980.
222. H. Schomerus, Die Wohnung als unmittelbare Umwelt, in: Nr. 215, 211–232.
223. G. Schulz, „Der konnte freilich ganz anders sparen als ich." Untersuchungen zum Sparverhalten industrieller Arbeiter, in: Nr. 47, 487–515.
224. R. Stockmann, Gewerbliche Frauenarbeit in Deutschland 1875–1980, in: GG 11 (1985), 447–475.
225. H. J. Teuteberg, Die Nahrung der sozialen Unterschichten im späten 19. Jahrhundert, in: Ernährung und Ernährungslehre im 19. Jahrhundert. Hrsgg. v. E. Heischkel-Artelt. Göttingen 1976, 205–287.
226. H. J. Teuteberg (Hrsg.), Homo habitans. Zur Sozialgeschichte des ländlichen und städtischen Wohnens in der Neuzeit. Münster 1985.
227. H. J. Teuteberg/G. Wiegelmann, Unsere tägliche Kost. Geschichte und regionale Prägung. Münster 1986.
228. H. J. Teuteberg/C. Wischermann, Wohnalltag in Deutschland 1850–1914. Bilder, Daten, Dokumente. Münster 1985.
229. U. Tolksdorf, Nahrungsforschung, in: Nr. 113, 171–184.
230. M. Tränkle, Wohnkultur und Wohnweisen. Tübingen 1972.
231. G. Wiegelmann, Tendenzen kulturellen Wandels in der Volksnahrung des 19. Jahrhunderts, in: Nr. 34, 173–181.
232. C. Wischermann, Wohnen in Hamburg vor dem Ersten Weltkrieg. Münster 1983.

# 7. Geselligkeitsformen und Freizeitformationen

233. H. BAUSINGER, Anmerkungen zum Verhältnis von öffentlicher und privater Festkultur, in: Nr. 242, 390–404.
234. R. BEDUHN, Die Roten Radler. Illustrierte Geschichte des Arbeiterradfahrerbundes „Solidarität". Münster 1982.
235. A. C. BIMMER, Brauchforschung, in: Nr. 113, 311–328.
236. A. C. BIMMER/S. BECKER (Hrsg.), Alkohol im Volksleben. Marburg 1987.
237. W. K. BLESSING, Fest und Vergnügen der ‚Kleinen Leute'. Wandlungen vom 18. bis zum 20. Jahrhundert; in: Nr. 79, 352–379.
238. P. DAHL, Arbeitersender und Volksempfänger. Proletarische Radio-Bewegung und bürgerlicher Rundfunk bis 1945. Frankfurt 1978.
239. O. DANN (Hrsg.), Vereinswesen und bürgerliche Gesellschaft in Deutschland. München 1984.
240. D. DOWE, Die Arbeitersängerbewegung in Deutschland vor dem Ersten Weltkrieg – eine Kulturbewegung im Vorfeld der Sozialdemokratie, in: Nr. 103, 122–144.
241. F. DRÖGE/T. KRÄMER-BADONI, Die Kneipe. Zur Soziologie einer Kulturform. Frankfurt 1987.
242. D. DÜDING/P. FRIEDEMANN/P. MÜNCH (Hrsg.), Öffentliche Festkultur. Politische Feste in Deutschland von der Aufklärung bis zum Ersten Weltkrieg. Reinbek 1988.
243. C. EISENBERG, Frühe Arbeiterbewegung und Genossenschaften. Bonn 1985.
244. B. EMIG, Die Veredelung des Arbeiters. Sozialdemokratie als Kulturbewegung. Frankfurt/New York 1980.
245. R. ENGELSING, Zur Sozialgeschichte deutscher Mittel- und Unterschichten. Göttingen 1973.
246. P. FRIEDEMANN, „Wie munter und wie ordentlich wir unsere Feste zu feiern verstehen". Gewerkschaftsfeste vor 1914, in: Nr. 242, 373–389.
247. H. GROSCHOPP, Zwischen Bierabend und Bildungsverein. Zur Kulturarbeit in der deutschen Arbeiterbewegung vor 1914. Berlin 1985.
248. H. HOFFMANN/J. ZIMMER (Hrsg.), Wir sind die grüne Garde. Geschichte der Naturfreundejugend. Essen 1986.
249. U. HORNAUER, Laienspiel und Massenchor. Das Arbeitertheater der Kultursozialisten in der Weimarer Republik. Köln 1985.
250. G. HUCK (Hrsg.), Sozialgeschichte der Freizeit. Wuppertal 1980.
251. R. KANNONIER, Zwischen Beethoven und Eisler. Zur Arbeitermusikbewegung in Österreich. Wien 1981.
252. W. KLEINSCHMIDT, Der Wandel des Festlebens bei Arbeitern und Landwirten im 20. Jahrhundert. Meisenheim 1977.
253. K.-S. KRAMER, Die letzten hundert Jahre – Endphase des Brauchtums, in: N.-A. BRINGEUS (Hrsg.), Wandel der Volkskultur in Europa. Band I, Münster 1988, 127–142.
254. K.-S. KRAMER/U. WILKENS, Volksleben in einem holsteinischen Gutsbezirk. Neumünster 1979.
255. I. LAMMEL, Arbeitermusikkultur in Deutschland 1845–1945. Leipzig 1984.

256. D. LANGEWIESCHE/K. SCHÖNHOVEN, Arbeiterbibliotheken und Arbeiter-
     lektüre im Wilhelminischen Deutschland, in: AfS XVI (1976), 135–204.
257. W. u. A. LINDEMANN, Die proletarische Freidenkerbewegung. Ge-
     schichte, Theorie, Praxis. Münster 1981.
258. H. MEDICK, Spinnstuben auf dem Dorf. Jugendliche Sexualkultur und
     Feierabendbrauch in der ländlichen Gesellschaft der Neuzeit, in: Nr.
     250, 19–49.
259. M. MENDE, Rübenzucker: Die Industrialisierung von Ackerbau und
     Mahlzeiten im 19. Jahrhundert, in: SOWI 14 (1985), 103–110.
260. D. MÜHLBERG, Anfänge proletarischen Freizeitverhaltens und seiner
     öffentlichen Einrichtungen, in: Weimarer Beiträge 12/1981, 118–150.
261. D. MÜHLBERG/R. ROSENBERG (Hrsg.), Literatur und proletarische Kul-
     tur. Beiträge zur Kulturgeschichte der Arbeiterklasse im 19. Jahrhun-
     dert. Berlin 1983.
262. W. NAHRSTEDT, Die Entstehung der „Freizeit" zwischen 1750 und 1850.
     Göttingen 1972.
263. Narrenfreiheit. Beiträge zur Fastnachtsforschung. Tübingen 1980.
264. G. PFISTER, Die Frau im Arbeiterturn- und Sportbund, in: D. BLECKING
     (Hrsg.), Arbeitersport in Deutschland 1893–1933. Köln 1983, 35–42.
265. S. RECK, Arbeiter nach der Arbeit. Sozialhistorische Studien zu den
     Wandlungen des Arbeiteralltags. Gießen 1977.
266. J. REULECKE, Vom blauen Montag zum Arbeiterurlaub, in: AfS XVI
     (1976), 205–248.
267. J. REULECKE, „Veredelung der Volkserholung" und „edle Gesellgkeit".
     Sozialreformerische Bestrebungen zur Gestaltung der arbeitsfreien Zeit
     im Kaiserreich, in: Nr. 250, 141–160.
268. J.S. ROBERTS, Drink, Temperance and the Working Class in Nineteenth-
     century Germany. Boston 1984.
269. F. SCHELLACK, Sedan- und Kaisergeburtstagsfeste, in: Nr. 242, 278–297.
270. R. SCHENDA, Tendenzen der aktuellen volkskundlichen Erzählfor-
     schung im deutschsprachigen Raum, in: Nr. 68, 271–291.
271. M. SCHLÖSSER, Freizeit und Familienleben von Industriearbeitern.
     Frankfurt 1981.
272. H. J. TEICHLER (Hrsg.), Arbeiterkultur und Arbeitersport. Clausthal-Zel-
     lerfeld 1985.
273. H. J. TEICHLER/G. HAUK (Hrsg.), Illustrierte Geschichte des Arbeiter-
     sports. Berlin/Bonn 1987.
274. Traditionen und Werte der Arbeitersportbewegung in Deutschland.
     Hrsg. Friedrich-Ebert-Stiftung. Bonn-Bad Godesberg 1983.
275. Wem gehört die Welt. Kunst und Gesellschaft in der Weimarer Repu-
     blik. Hrsg. Neue Gesellschaft für Bildende Kunst. Berlin 1977.
276. W. v. d. WILL/R. BURNS, Arbeiterkulturbewegung in der Weimarer
     Republik. 2 Bände, Frankfurt usw. 1982.
277. H. WUNDERER, Arbeitervereine und Arbeiterparteien. Kultur und Klas-
     senorganisationen in der Arbeiterbewegung (1890–1933). Frankfurt/
     New York 1980.

# 8. Massenprotest und Arbeiterbewegung

278. U. ACHTEN (Hrsg.), Illustrierte Geschichte des 1. Mai. Oberhausen 1979.
279. D. BLASIUS, Kriminalität und Alltag. Zur Konfliktgeschichte des Alltagslebens im 19. Jahrhundert. Göttingen 1978.
280. J. EHMER, Rote Fahnen – Blauer Montag. Soziale Bedingungen von Aktions- und Organisationsformen der frühen Wiener Arbeiterbewegung, in: Nr. 296, 143–174.
281. U. ENGELHARDT, Gewerkschaftliches Organisationsverhalten in der ersten Industrialisierungsphase, in: Nr. 28, 372–402.
282. H. FENSKE, Politischer und sozialer Protest in Süddeutschland nach 1830, in: Nr. 297, 143-201.
283. D. FRICKE, Kleine Geschichte des Ersten Mai. Berlin 1980.
284. M. GAILUS, Pöbelexzesse und Volkstumulte im Berliner Vormärz, in: DERS. (Hrsg.), Pöbelexzesse und Volkstumulte in Berlin. Berlin 1984, 1–41.
285. G. HAUK, „Armeekorps auf dem Weg zur Sonne". Einige Bemerkungen zur kulturellen Selbstdarstellung der Arbeiterbewegung, in: Nr. 293, 69–89.
286. W. KASCHUBA, Vom Gesellenkampf zum sozialen Protest. Zur Erfahrungs- und Konfliktdisposition von Gesellen-Arbeiter in den Vormärz- und Revolutionsjahren, in: Nr. 196, 381–406.
287. G. KORFF, „Heraus zum 1. Mai". Maibrauch zwischen Volkskultur, bürgerlicher Folklore und Arbeiterbewegung, in: Nr. 79, 246–281.
288. G. KORFF, Rote Fahnen und Tableaux Vivants. Zum Symbolverständnis der deutschen Arbeiterbewegung im 19. Jahrhundert, in: Nr. 92, 103–140.
289. G. KORFF, Rote Fahnen und geballte Faust. Zur Symbolik der Arbeiterbewegung in der Weimarer Republik, in: Nr. 293, 27–60.
290. K.-M. MALLMANN, „Aus des Tages Last machen sie ein Kreuz des Herrn"? Bergarbeiter, Religion und sozialer Protest im Saarrevier des 19. Jahrhunderts, in: Nr. 45, 152–184.
291. W. J. MOMMSEN, Nichtlegale Gewalt und Terrorismus in den westlichen Industriegesellschaften. Eine historische Analyse, in: DERS./G. HIRSCHFELD (Hrsg.), Sozialprotest, Gewalt und Terror. Stuttgart 1982, 441–463.
292. O. NEGT/A. KLUGE, Öffentlichkeit und Erfahrung. Zur Organisationsanalyse von bürgerlicher und proletarischer Öffentlichkeit. Frankfurt 1974.
293. D. PETZINA (Hrsg.), Fahnen, Fäuste, Körper. Symbolik und Kultur der Arbeiterbewegung. Essen 1986.
294. D. J. K. PEUKERT, Edelweißpiraten. Arbeiterjugend gegen HJ und Gestapo. Köln 1980.
295. D. J. K. PEUKERT/J. REULECKE (Hrsg.), Die Reihen fast geschlossen. Beiträge zur Geschichte des Alltags unterm Nationalsozialismus. Wuppertal 1981.
296. D. PULS et al., Wahrnehmungsformen und Protestverhalten. Studien zur Lage der Unterschichten im 18. und 19. Jahrhundert. Frankfurt 1979.
297. H. REINALTER (Hrsg.), Demokratische und soziale Protestbewegungen in Mitteleuropa 1815–1848/49. Frankfurt 1986.

298. W. Renzsch, Handwerker und Lohnarbeiter in der frühen Arbeiterbewegung. Göttingen 1980.

299. K. H. Roth, Die „andere" Arbeiterbewegung und die Entwicklung der kapitalistischen Repression von 1880 bis zur Gegenwart. München 1976.

300. W. H. Schröder, Arbeitergeschichte und Arbeiterbewegung. Industriearbeit und Organisationsverhalten im 19. und frühen 20. Jahrhundert. Frankfurt/New York 1978.

301. W. Siemann, Soziale Protestbewegungen in der deutschen Revolution von 1848/49, in: Nr. 297, 305–326.

302. H. Steffens, Autorität und Revolte. Alltagsleben und Streikverhalten der Bergarbeiter an der Saar im 19. Jahrhundert. Weingarten 1987.

303. H. Volkmann/J. Bergmann (Hrsg.), Sozialer Protest. Studien zu traditioneller Resistenz und kollektiver Gewalt in Deutschland vom Vormärz bis zur Reichsgründung. Opladen 1984.

304. H. A. Winkler, Arbeiter und Arbeiterbewegung in der Weimarer Republik. Berlin 1984.

# Namensregister

HAUK, G. 118, 124
HAUMANN, H. 65, 70, 71
HAUSEN, K. 13, 40, 44, 88, 113
HEINZE, R. G. 54, 91
HELLER, A. 65
HENNING, H. 9
HERLYN, I. 103
HERLYN, U. 103
HERMAND, J. 42
HERZIG, A. 81
HINRICHS, P. 96
HOFFMANN, H. 118
HÖHER, P. 102
HORNAUER, U. 118
HUCK, G. 22
HUSUNG, H. G. 17, 62

IMHOF, A. E. 83, 89
INHETVEEN, H. 92

JACOBEIT, W. 69
JEGGLE, U. 91

KANNONIER, R. 118
KASCHUBA, W. 18, 20, 35, 48, 62, 63, 67, 73, 78, 91, 93, 97, 109, 113, 114, 122
KERN, H. 55, 95
KLEINSCHMIDT, W. 112
KLUGE, A. 127
KOCKA, J. 8, 24, 60, 61, 69, 71, 75, 88, 93
KÖNENKAMP, D. 104
KORFF, G. 78, 79, 124
KOSELLECK, R. 6
KRACAUER, S. 119
KRAMER, D. 71
KRAMER, K.-S. 91, 112
KRÄMER-BADONI, T. 107
KRAUS, A. 76
KRIEDTE, P. 9, 61, 74
KUGLER, A. 98
KÜRVERS, K. 101

LAMMEL, I. 118
LANGEWIESCHE, D. 27, 65, 71, 72, 75, 76, 81, 115, 118, 122, 126
LASLETT, P. 82
LEHMANN, A. 70
LENGER, F. 62, 76, 92

LEPSIUS, R. M. 38
LERCH, E. 86, 87, 89
LEVENSTEIN, A. 79
LINDEMANN, A. 118
LINDEMANN, W. 118
LIPP, C. 20, 35, 48, 63, 91
LÜDTKE, A. 65, 94, 97

MACHTAN, L. 21, 94, 95, 97, 124
MAHNKOPF, B. 73
MALLMANN, K.-M. 80, 117
MARSCHALCK, P. 25, 75
MARX, K. 32, 65
MATTHIAS, E. 98
MATZ, K.-J. 15, 76
MATZERATH, H. 80
MEDICK, H. 9, 16, 61, 68, 74, 82, 83, 84, 89, 91, 108, 109, 113
MENDE, M. 105
MITTERAUER, M. 11, 82, 111
MOHRMANN, R.-E. 99
MOHRMANN, U. 69
MOMMSEN, W. J. 122
MOORE, B. 67
MOOSER, J. 26, 30, 35, 38, 39, 53, 55, 60, 64, 73, 81, 91, 102, 126, 127, 128
MOSSE, G. L. 50
MUCHEMBLED, R. 68
MÜHLBERG, D. 32, 70, 80, 97, 109, 110, 115, 116
MÜLLER, H. 63
MÜLLER, W. 98
MÜNCH, P. 111

NAHRSTEDT, W. 22, 109
NEGT, O. 127
NEIDHARDT, F. 82
NEUDECKER, N. 70
NEUMANN, R. P. 88
NIENHAUS, U. 98
NIETHAMMER, L. 27, 86, 98, 101, 128
NIPPERDEY, T. 29, 80

PETZINA, D. 44
PEUCKERT, W. E. 69
PEUKERT, D. J. K. 46, 50, 66, 82, 119
PIERENKEMPER, T. 63
PLANCK, U. 85, 92
PLATO, A. v. 98

# Sach- und Ortsregister

Hausarbeit 40, 47, 86, 89
Heimarbeit 15, 34, 61
Hessen 39
Heimatrecht 15, 76
Heiraten 16, 24, 53, 88, 111
Hunger 10, 17, 37, 51, 105, 121
Hygiene 13, 25, 40

Industriekultur 96
Industrielle Revolution 19 f.

Jüdische Kultur 45
Jugendkultur 11, 23 f., 41, 49 f., 54, 112

Kaffee 16, 105–107
Kinderarbeit 34, 36, 84
Kino 33, 42, 51, 116, 118 f.
Klassenbewußtsein 29 f., 32, 38 f., 53, 55, 64 f., 71 f., 121 f., 123–128
Klassenbildung 15, 29, 60–64, 76
Konfession 29, 79
Konsumverhalten 16 f., 27 f., 33 f., 40, 43, 55 f., 102, 104–107
Köln 26
Körpersprache 96 f.
KPD 39, 43, 126 f.
Kriegserfahrung 37 f., 48, 51
Kriminalität 17, 70
Kulturanthropologie 69, 82, 94 f., 105
Kulturbegriff 12, 67–70, 72
Kulturindustrie 42, 51, 55–57, 115 f., 119
Kulturkritik 43, 57, 118 f.
Kultursozialismus 32, 43, 117–119

Landarbeiter 24, 36, 77, 91
Landwirtschaft 7, 12, 36 f., 48, 54, 77, 90–92
Lebenszyklus 85 f.
Leibeigenschaft 12, 36
Leipzig 20, 64
Lesestoffe 18, 114 f.
Löhne 34, 37, 47, 52, 85, 102, 121

Magdeburger Börde 77 f.
Maifeiertag 46, 50, 124
Märchen und Sagen 18, 114 f.
Maschinenarbeit 90, 94, 97 f., 121

Massenmedien 42–44, 50, 57, 115 f.
Medizin 13
Mentalitätengeschichte 64 f., 78–80, 110 f.
Mobiliar 27, 55, 99 f., 102
Mobilität 14 f., 19 f., 28, 35, 38, 53, 56, 63, 75 f.
Mode 16, 41 f., 47, 103–105
Modernisierungskonzepte 13 f., 42, 45, 51, 60, 67 f., 74, 122
München 26, 63
Musik 32, 41 f., 50 f., 67, 115 f., 118 f.
Muttertag 44, 113

Nationalismus 32, 45, 77 f., 116
Notbehelfsökonomie 16, 34, 99

Oberhausen 81
Ökonomie, moralische 8, 17, 92 f., 121
Österreich 12
Ostpreußen 36

Partnerwahl 16, 24, 88
Pendlerwesen 35, 54, 56, 76
Pietismus 79
Preußen 12
Produktionsfamilie 15, 83 f., 90
Proletarisierung 14 f., 61–63, 83 f.
Proletkult 43, 119
Protest, sozialer 17, 70 f., 120–126
Protoindustrie 9, 61 f., 74, 83 f.

Rauchen/Tabak 10, 21, 41, 106 f.
Raumerfahrung 21 f., 28 f., 35
Regionalgeschichte 64 f.
Religiosität 11, 29, 48, 68, 78–80, 112 f., 117
Revolutionen 5, 12, 18 f., 37, 39, 123
Rites de passage 11, 111
Ritual 11, 50, 78 f., 96 f., 122–124
Ruhrgebiet 24, 26 f., 29, 79, 98
Rundfunk 42, 48, 50, 116, 118

Saargebiet 27, 79 f.
Schule 41, 48, 53 f.
Sexualität 11, 24, 41, 87 f., 113
Sozialdisziplinierung 13, 36, 79, 108
Sozialistengesetz 29

# Enzyklopädie deutscher Geschichte

## Themen und Autoren

Der frühneuzeitliche Hof / Rainer A. Müller
Die Stadt in der frühen Neuzeit / Heinz Schilling
Unterständische Schichten in der frühen Neuzeit / Wolfgang von Hippel
Unruhen in der ständischen Gesellschaft 1300–1800 / Peter Blickle
Von der ständischen zur bürgerlichen Gesellschaft / Lothar Gall
Geschichte des Judentums vom 16. bis zum Ende des 18. Jahrhunderts /
     Stefi Jersch-Wenzel

Wirtschaft  Frühkapitalismus und wirtschaftliche Entwicklung 1470–1620 /
     Franz Mathis
Die Entwicklung der Wirtschaft im Zeitalter des Merkantilismus 1620–1800 /
     Rainer Gömmel
Landwirtschaft in der frühen Neuzeit / Walter Achilles
Gewerbe in der frühen Neuzeit / Wilfried Reininghaus
Handel und Verkehr, Banken und Versicherungen in der frühen Neuzeit /
     N.N.

Kultur, Alltag,  Medien in der frühen Neuzeit / Erdmann Weyrauch
Mentalitäten  Bildung und Wissenschaft in der frühen Neuzeit 1650–1800 /
     Anton Schindling
Die Aufklärung / Wolfgang Hardtwig
Lebenswelt und Kultur des Bürgertums in der frühen Neuzeit /
     Bernd Roeck
Lebenswelt und Kultur der unterbürgerlichen Schichten in der frühen
     Neuzeit / Günther Lottes

Religion und  Die Reformation. Voraussetzungen und Durchsetzung / Bob Scribner
Kirche  Konfessionelle Institutionalisierung im 16. Jahrhundert /
     Heinrich Richard Schmidt
Kirche, Staat und Gesellschaft im 17. und 18. Jahrhundert /
     Hartmut Lehmann
Religiöse Bewegungen in der frühen Neuzeit / Hans-Jürgen Goertz

Politik, Staat,  Das Reich in der frühen Neuzeit / Helmut Neuhaus
Verfassung  Landesherrschaft, Territorien und Staat in der frühen Neuzeit /
     Winfried Schulze
Die Entwicklung der landständischen Verfassung / Franz Quarthal
Vom absolutistischen zum bürokratischen Reformstaat / Walter Demel

Staatensystem,  Das Reich im Kampf um die Hegemonie in Europa 1521–1648 /
internationale    Alfred Kohler
Beziehungen  Altes Reich und europäische Staatenwelt 1648–1806 / Heinz Duchhardt

19. und 20. Jahrhundert

Gesellschaft  Demographie des 19. und 20. Jahrhunderts /
     A. Gräfin zu Castell Rüdenhausen
Geschichte der ländlichen Gesellschaft 1800–1970 / Heinz Reif
Geschichte der Familie im 19. und 20. Jahrhundert / N.N.
Urbanisierung im 19. und 20. Jahrhundert / Klaus Tenfelde
Schichtung, Mobilität und Protest in der modernen Gesellschaft /
     Josef Mooser
Das Bürgertum im 19. und 20. Jahrhundert / Dieter Hein

Die Angestellten im 19. und 20. Jahrhundert / Günther Schulz
Die Arbeiterschaft im 19. und 20. Jahrhundert / N.N.
Geschichte des Judentums in Deutschland vom Ende des 18. Jahrhunderts
   bis 1914 / Shulamit Volkov
Geschichte des deutschen Judentums 1914–1945 / Mosche Zimmermann

Vorgeschichte, Verlauf und Charakter der deutschen industriellen            Wirtschaft
   Revolution / Hans-Werner Hahn
Die Entwicklung der Wirtschaft im 20. Jahrhundert /
   Wilfried Feldenkirchen
Landwirtschaft im 19. und 20. Jahrhundert / N.N.
Gewerbe und Industrie im 19. und 20. Jahrhundert / (Toni Pierenkemper)
Handel und Verkehr im 19. Jahrhundert / Karl Heinrich Kaufhold
Handel und Verkehr im 20. Jahrhundert / Horst A. Wessel
Banken und Versicherungen im 19. Jahrhundert / Eckhard Wandel
Banken und Versicherungen im 20. Jahrhundert / Eckhard Wandel
Staat und Wirtschaft im 19. Jahrhundert (bis 1914) / Heinrich Best
Staat und Wirtschaft im 20. Jahrhundert / Gerold Ambrosius

Kultur, Bildung und Wissenschaft im 19. Jahrhundert / Rüdiger vom Bruch    Kultur, Alltag,
Kultur, Bildung und Wissenschaft im 20. Jahrhundert / Horst Möller          Mentalitäten
Lebenswelt und Kultur des Bürgertums im 19. und 20. Jahrhundert /
   Dieter Langewiesche
Lebenswelt und Kultur der Unterschichten im 19. und 20. Jahrhundert /
   Wolfgang Kaschuba

Formen der Frömmigkeit in einer säkularisierten Gesellschaft /             Religion und
   Werner K. Blessing                                                       Kirche
Kirche, Politik und Gesellschaft im 19. und 20. Jahrhundert /
   Gerhard Besier

Der Deutsche Bund und das politische System der Restauration 1815–1866 /   Politik, Staat,
   Wolfram Siemann                                                          Verfassung
Das Vordringen des Konstitutionalismus und das Ringen um den deutschen
   Nationalstaat / Elisabeth Fehrenbach
Die innere Entwicklung des Kaiserreichs / Hans-Peter Ullmann
Die innere Entwicklung der Weimarer Republik / Peter Steinbach
Das nationalsozialistische Herrschaftssystem / Dieter Rebentisch
Die Bundesrepublik. Verfassung, Parlament und Parteien / Adolf M. Birke
Die Innenpolitik der Deutschen Demokratischen Republik /
   Günther Heydemann

Die deutsche Frage und das europäische Staatensystem 1815–1871 /           Staatensystem,
   Anselm Doering-Manteuffel                                                internationale
Deutsche Außenpolitik 1871–1918 / Klaus Hildebrand                          Beziehungen
Die Außenpolitik der Weimarer Republik / Franz Knipping
Die Außenpolitik des Dritten Reiches / Marie-Luise Recker
Die Außenpolitik der Bundesrepublik Deutschland / Gregor Schöllgen
Die Außenpolitik der Deutschen Demokratischen Republik /
   Alexander Fischer

(Stand: Juni 1990)